KB237568

The Romance of Redemption

천상의 로맨스

인쇄 _ 2016년 11월 7일
발행 _ 2016년 11월 14일

지은이 _ 웨렌 A. 게이지
옮긴이 _ 허정완
펴낸이 _ 최성화

펴낸 곳 _ 생각디자인
주소 _ 충청남도 천안시 성거읍 성거길 16-36
대표전화 _ 041-561-1940
출판등록 _ 312-92-18674

ISBN 978-89-969113-0-2
값 10,000원

천상의 로맨스

그리스도의 신부인 여러분의 이야기

웨렌 A. 게이지 지음
허정완 옮김

한국 독자들에게

지난 몇 년간 나는 주님의 복음을 전하기 위해 한국을 방문했습니다. 전 세계를 포함하여 한국인보다 친절하고 진실한 사람들을 나는 만나보지 못했습니다. 성경을 사랑하는 마음 또한 대단했습니다. 주님께서 말씀하신 밭의 비유를 읽을 때마다 한국은 좋은 밭이란 생각을 합니다. 한국은 세상에서 가장 합당한 복음의 밭이 분명합니다.

한국 교회가 끊임없는 은혜 속에서 사랑으로 풍성하길 기도합니다. 또한, 허정완 형제가 번역한 이 책 속에 나타난 교회의 비전이 예수님께서 오실 때까지 한국 교회가 믿음과 인내를 갖는데 격려가 되길 바랍니다! 예수님의 이름으로 축복합니다!

플로리다, 포트 로더데일에서

웨렌 A. 게이지

베티에게

"나는 나를 사랑하는 자의 것이며 나를 사랑하는 자는 나의 것이다."

목차

천상의 로맨스

성경은 사랑 이야기이다! 아름다운 구속의 역사는 어린 양과의 결혼으로 정점에 오른다. 마치 시인 단테 알리기에리가 성경적 세계에 대한 자신의 위대한 비전을 '희극(Comedia)'으로 명명할 때 직관한 것처럼, 성경의 장르는 희극이다.[1] 고대 희극이 결혼 잔치(komos)로 끝맺는 것과 같이 성경 또한 같은 형식으로 끝맺는다(계21:2). 희극은 "옛날 옛적에"로 시작하여 "행복하게 오래오래 살았습니다."로 끝맺는다. "행복하게 오래오래 살았습니다."라는 표현은 어린 양의 신부로 선택받은 모든 위대한 성도들에게 주어진 약속이기도 하다(계19:7, 21:2).

성경의 주제는 우리의 신랑이신(요3:29) 그리스도의 사랑이다. 그 사랑은 감히 우리가 소망하거나 꿈꿀 수 없는 운명으로 우리를 초대한다. 성경 이야기는 영웅의 위대한 서사시와 그가 사랑하는 자를 구출하는 내용이다. 성경 속 사랑 고백은 우리의 죄악된 모습에도 불구하고

---

1. 여기서 희극이란 슬랩스틱과 같은 익살스러운 유모를 의미하지 않는다. 희극과 비극은 문학과 연극의 장르이다. 아리스토텔레스는 대서사시와 서정시를 포함하여 네 가지의 장르가 세상의 상상력을 구성한다고 한다. 네 가지의 장르가 상상의 세계(mundus imaginalis)를 정의하며 인간 세상에 모든 문학적 표현이 가능하도록 한다. 고전문학 이론에 의하면 비극은 높게(영광스럽게) 시작하여 낮게(고난) 끝난다. 비극은 대부분 죽음이나 사회적 분열로 끝맺는다. 반대로 희극은 낮게(고난) 시작하여 높게(영광스럽게) 끝난다. 희극은 대부분 외부인과의 사회적 화합과 결혼식으로 끝맺는다. 곧 새로운 생명에 대한 약속과 공동체의 인내심을 제안한다.

우리의 완벽한 신랑이 되신 분이 우리를 향해 보여주는 것이다. 그 사랑은 우리를 사랑하는 분이 하늘나라에 대한 소망을 우리에게 보장해주셨다는 약속으로 우리를 매료시킨다. 예수님께서는 우리가 우리 안에서 성령님이 인도하시는 성화가 완성되었을 때에 갖게 될 아름다운 모습을 볼 수 있게 해주셨으며, 예수님은 바로 우리의 그 모습과 사랑에 빠지셨다! 그 결과 예수님은 우리에게 죄와 슬픔이 없는 세상에서의 새 낙원을 약속하셨다.

성경은 위대한 책이다. 위대한 책은 위대한 이야기를 가지고 있다. 우리가 성경 이야기를 문학적 관점에서 읽는다면 성경은 천상의 로맨스라는 사실이 명확해진다.[2] 창세기는 결혼 이야기로 시작한다. 낙원 동산이라는 장소에 신부(여자)와 신랑(아담)이 있다. 그러나 뱀 또한 동산에 있다. 오랜 세월이 지난 후 성경은 요한계시록 속 또 다른 결혼 이야기로 끝을 맺는다. 다시 한 번 낙원 동산에 신부(신앙 공동체)와 신랑(예수님)이 있다. 그러나 뱀은 이미 이 새로운 동산에서 쫓겨났다. 모든 갈등이 해결되었다. 영원한 평화와 기쁨이 승리했다. 신랑과 그의 신부가 누리는 영원한 축복을 방해할 수 있는 것은 아무것도 없다.

이 책은 하나님의 아들이신 신랑의 사랑에 관한 책이다. 성경은 거룩한 이야기가 풀어내는 신랑의 사랑 표현을 살펴본 책이다. 우리가 받은 구원의 언약은 혼인적 언약이다(이사야 62:4). 아마도 이런 이유에서 창조주는 우리가 어렸을 때부터 사랑 받고 싶은, 그리고 사랑하고 싶은 심한 욕구를 우리 깊은 곳에 놓으셨을지도 모른다. 이런 성향은 아름다

---

2. 아리스토텔레스는 시학에서 좋은 이야기는 시작과 중간(이야기의 갈등이 나타나는) 그리고 끝이 있다고 한다. 저자는 갈등을 지나 끝에서 완성될 주제를 서론에서 소개해야 한다. 따라서 이야기의 시작과 끝은 극을 종합하는 특징을 갖는다. 문학적 관점에서 성경이 동산에서의 결혼식으로 시작하여 동산에서 결혼식으로 끝난다는 사실은 이 이야기가 천상의 로맨스란 사실을 알려준다.

운 처녀와 그녀의 멋진 왕자(영웅과 그의 사랑을 받는 자가 지닌 영원한 매력)에 대한 마법과 같은 동화를 즐거워하는 어린이에게서 발견할 수 있다. 앞에서 우리가 말한 것과 같이 이 이야기가 바로 성경의 구속 역사이다. 왜 우리가 J.R.R. Tolkien이 "동화와 관련하여(On Fairy Stories)"라는 글에서 언급한 '상상(Faerie)'의 세계의 매력에 빠져드는지 살펴보도록 하자.

"옛날 옛적에"와 "행복하게 오래오래 살았습니다" 사이의 삶

어린이는 동화를 좋아한다. 심지어 나이 많은 어른이라도 동화의 매력을 느끼지 못하는 것은 아니다. 우리가 그렇게 창조되었기 때문이다. 단순히 침대에 누운 아이에게 이야기를 읽어주는 것만으로 놀라움으로 크게 뜬 아이의 눈을 볼 수 있다. 이야기는 상상하는 법을 가르쳐준다. 그 이야기는 "옛날 옛적에" 멀리 떨어져 있는 왕국으로 우리를 인도한다. 우리는 불을 내뿜는 용과 흰 수염 난 난쟁이, 요정과 마법사 그리고 무시무시한 마법 주문에 대해 듣는다. 그 중에서 최고의 이야기는 놀라운 사랑에 대한 이야기다. 우리는 구조되기를 기다리고 있는 사랑스러운 한 소녀의 꿈에 동참한다. 마치 모든 것을 영원히 잃어버릴 것만 같을 때, 갑자기 왕의 아들이 등장한다. 그의 키스는 악한 주문을 깨트리고 그의 공주가 될 소녀의 사랑을 일깨운다. 그리고 멋진 왕자는 사랑하는 그녀를 하늘에 있는 성으로 데리고 간다. 우리가 눈을 감고 꿈나라에 들어갈 때, 마침내 우리는 신랑과 신부가 "오래오래 행복하게 살았습니다."라는 소리를 듣게 된다.

하지만 동화가 기독교 신앙과 무슨 관계란 말인가? 만들어진 이야기가 사실에 근거한 복음에 대해 무엇을 이야기해 줄 수 있다는 말인가? 자, 우선 동화에 대한 사실부터 이야기하는 것으로 시작해보자.

민담에 대한 놀라운 사실 한 가지는 바로 이야기가 가지고 있는 보편성이다. 문학자들에 의하면 전 세계에 걸쳐 가장 공통적인 민담은 신데렐라 이야기라고 한다. 이 익숙한 이야기와 비슷한 이야기는 알려진 모든 종족과 공동체에서 발견된다. 재(ashes)로 인하여 자신의 아름다움이 망쳐진 사랑스러운 소녀에 대한 이야기에 도대체 어떠한 매력이 있다는 것인가?

이 익숙한 이야기에서 신데렐라는 자신의 아름다움을 질투하는 새엄마와 새언니와 살고 있다. 새엄마는 신데렐라에게 굴뚝 치우는 하녀의 일을 시킨다. 학대받는 이 소녀는 숯(cinders)과 재로 뒤덮여 그녀의 아름다움이 망가진다. 그러던 어느 날 왕은 자기 아들의 결혼을 준비한다. 자기 아들의 마음을 사로잡을 사랑스러운 소녀를 찾기 위해 왕은 왕국 곳곳에서 아름다운 여인을 무도회로 초대한다. 계속되는 마법적인 변화를 통해 뜻밖에도 신데렐라는 무도회에 참석할 수 있게 된다. 소녀는 왕자와 춤을 추게 되고 왕자는 그녀와 사랑에 빠진다. 그러나 마법주문이 사라지기 시작하자 신데렐라는 떠나야만 했다. 도망갈 때 그녀는 자신의 유리구두를 남겨두고 온다. 불운한 왕자는 다른 사랑을 찾지 않는다. 오직 신데렐라만이 자신의 마음을 채울 수 있기 때문이다. 왕자는 그녀를 찾기 위해 왕국 곳곳을 살핀다. 언제나 위대한 탐험의 끝이 그렇듯이 왕자는 신데렐라가 새 가족과 사는 집에 도착하게 된다. 드디어 신발은 재로 가려져 있던 그녀의 아름다움을 드러내 보이고, 왕자는 오직 하나뿐인 자신의 여인과 재회하게 된다.

신데렐라 이야기가 전 세계를 매료시킨 것을 통해 모든 인간은 사랑하고 싶은 그리고 사랑받고 싶은 마음이 있다는 사실을 알 수 있다. 하나님은 사랑에 대한 이야기를 즐기고 반응하도록 우리를 창조하셨다. 바로 이런 점에서 예수님이 비유로 말씀하실 때 왜 우리가 그렇게 집중해서 듣는지를 알 수 있다. "천국은 마치 자기 아들을 위하여 혼인 잔치를 베푼 어떤 임금과 같으니"(마태복음 22:2)라고 주님은 우리에게 말씀하신다. 이사야 선지자가 언젠가는 주님이 우리에게 "화관을 주어 그 재를 대신하며"(이사야 61:3), 또한 "신랑이 신부를 기뻐함 같이 네 하나님이 너를 기뻐하시리라"(이사야 62:5)는 말씀처럼 주님이 우리를 사랑하신다고 이야기할 때 우리는 즐거워한다. 예수님이 "내 아버지 집에 거할 곳이 많도다. 그렇지 않으면 너희에게 일렀으리라 내가 너희를 위하여 거처를 예비하러 가노니"(요한복음 14:2-3)라고 말씀하실 때 우리는 소망을 품고 살아간다.

따라서 우리는 이런 민담이 그 어떤 위대한 진리를 가리키고 있는 것은 아닌지 묻게 된다. 혹시 이것은 그 어떤 위대한 이야기가 반영된 것은 아닌가? 혹시 이런 상상적 허구가 그 어떤 사실적 진리를 가리키고 있는 것은 아닌가?

그림 형제(Brothers Grimm)에 의해 수집된 이야기 중 익숙하면서 이전과 반복되는 이야기인 백설 공주를 생각해보자. 어느 날 선한 여왕은 창가에 앉아 바느질하며 눈 내리는 풍경을 보고 있다. 순간 그녀는 바늘에 자신의 손가락을 찔리고 만다. 그리고 그녀의 핏방울은 창틀 위에 덮인 흰 눈에 떨어진다. 이런 광경을 목격한 여왕은 흰 눈과 같은 살결과 장미같이 붉은 볼을 가진 아름다운 딸을 소망하게 된다. 어느 날 사랑스러운 백설공주가 태어나지만 선한 여왕은 백설공주를 낳은 후 죽게 된다. 그러자 백설공주의 아버지는 아름답지만 자만심으로 가득한 새 여왕과 결혼하게 된다. 백설공주가 어른이 되자 마법 거울이 질투 많은 여왕에게 더는 이 세상에서 당신이 가장 사랑스럽지 않다고 경고한다. 그러자 그녀는 사랑스러운 백설공주를 죽이기로 계획하지만, 백설공주는 그곳에서 빠져나와 마법의 숲 속 일곱 난쟁이와 살게 된다. 그러나 악한 여왕은 백설 공주가 살아있다는 것을 알게 되자 노파로 가장하여 백설공주를 속여 독이 든 사과를 먹게 한다. 백설공주는 죽음과 같은 깊은 잠에 빠지게 된다. 오직 왕의 아들의 사랑만이 그녀를 깨워 다시 살릴 수 있다. 드디어 그녀의 왕자가 도착하고 왕자의 말에 그녀는 깨어나게 된다. "나는 이 세상 그 무엇보다 당신을 사랑합니다. 나와 함께 내 아버지 성에 갑시다. 당신은 나의 아내가 될 것입니다!"

혹시 이 민담은 복음을 개작한 것은 아닐까? 아름다운 공주와 같이 속임수로 인해 독이 든 열매를 먹고 죽음이라는 주문에 빠져버린 우리의 첫 어머니 하와의 이야기가 아닌가(창세기 2:17, 3:6; 디모데전서 2:14)? 우리의 죄가 주홍 같아도 그런 죄악이 언젠가는 눈과 같이 희어질 것이라는 소망이 우리에게 주어지지 않았나(이사야 1:18)? 가장 절망적일 시기에 우리를 찾고 있는 하늘의 왕자가 우리에게 이렇게 속삭이지 않는가? "내가 무궁한 사랑으로 너를 사랑한다 "(예레미야 31:3). 생명의 왕자이신 분이 언젠가는 우리를 구원하시지 않으실까? 그리고 그가 환희로 우리를 금과 기쁨으로 가득한 왕의 상아 궁전으로 데려가지 않을까(시편 45:13-15)?

또 다른 관점에서 어쩌면 우리는 숲 속의 잠자는 공주와 같지 않을까? 또 다시 그림 형제는 질투 많은 요정의 마법 주문으로 저주받은 사랑스러운 공주에 대한 이야기를 들려준다. 그림 형제에 따르면 공주는 자신의 16번째 생일 전에 물레 바늘에 손가락이 찔려 죽음과 같은 잠에 빠지게 된다. 두려워했던 날이 다가왔고 동물을 포함한 궁전 전체가 공주와 함께 깊은 잠에 빠져든다. 가시가 돋친 장미 덤불은 그녀 아버지의 궁전을 뒤덮었다. 그러나 어느 날 멋진 왕자가 나타난다. 그는 가시덤불을 난도질하며 통과했고 긴 잠에도 불구하고 아름다움이 시들지 않은 공주를 발견하게 된다. 왕자가 그녀에게 키스할 때 궁전은 살아나 이전의 아름다움을 회복한다. 그리고 자신의 공주를 찾기 위해 큰 고통을 이겨낸 왕자는 드디어 그녀를 자신의 사랑스러운 신부로 취하게 된다.

자신의 신부를 위해 가시덤불의 고통을 받은 이 왕자의 이야기를 그리스도인이 들을 때 가시 왕관을 쓰신 하늘의 왕자에 대한 이야기로 들리지 않는가(요한복음 19:2)? 그가 오셔서 저주를 폐하시고 모든 것을 살아나게 하사 아름다움을 회복시키실 그때를 우리는 소망하고 있지 않은가(요한계시록 21:3-5, 22:3)?

이런 마법적인 이야기가 가진 매력의 비밀은 무엇인가? 이야기를 듣는 아이와 이야기를 읽는 어른 모두에게 사랑받는 이유는 무엇인가? 혹시 그것은 더욱 장엄한 이야기를 흉내내기 때문에 우리의 상상력을 사로잡은 것은 아닐까? 이런 이야기는 우리가 고통 가운데 "행복하게 오래오래 살았습니다."라는 끝을 소망할 수 있도록, 하나님의 사랑에 대한 소망을 믿음으로 가지도록 가르치고 있지는 않은가? 동화는 마치 우리를 향한 하늘의 놀라운 사랑 이야기가 굴절되어 구성된 무지개와 같은 이야기가 아닌가?

이 책은 구원자이신 하나님이 가지고 있는 사랑에 대한 책이다. 신랑-왕의 관점에서 성경의 이야기를 살펴본다. 자신의 백성을 향한 하나님의 사랑에 대한 이야기는 성경에 많이 나타난다. 하나님은 아버지의 마음으로 우리를 하나님의 아들로 부르신다고 성경은 말한다(요한복음 1:12). 또한, 하나님은 우리를 불쌍히 여기며 자신의 품으로 불러 모으길 원하는 어머니와 같이 표현되기도 한다(이사야 66:13; 마태복음 23:37). 그러나 이 책은 그리스도의 신부라고 불리는 그의 백성들을 향한 하나님 아들의 혼인적 사랑에 대한 책이다(에베소서 5:23; 요한계시록 21:2). 하나님 아들이 가진 바로 신랑의 사랑을 나타내는 이야기를 우리는 성경에서 살펴볼 것이다. 그렇다면 우리는 어떠한 이야기를 듣게 될 것인가? 하나님 아들에 대한 복음의 메시지가 담긴 '동화와 같은' 이야기는 어떤 것인가?

"옛날 옛적에 자신이 낳은 외아들의 혼인을 준비하는 왕이 있었습니다. 왕이신 아버지는 자기 아들을 위해 사랑스러운 신부를 선택했습니다. 신붓감은 왕자의 영혼 속 모든 열정을 흔들어 놓았습니다. 하지만 약혼식 이후에 사랑스러운 신부는 죄와 죽음이라는 악한 주문에 걸리게 되었습니다. 이제 왕궁의 모든 사람은 멋진 왕자가 더욱 자격이 있는 신부를 찾아 취할 것이라고 기대했습니다. 그는 자신이 원하는 대로 다른 신부를 가질 수 있기 때문이었습니다. 그러나 아버지는 이미 신부를 선택했고 아들은 선택된 그녀를 사랑했습니다. 약혼녀를 매우 사랑한 신랑은 그녀의 구원을 위해 엄청난 지참금을 기꺼이 지급하기로 합니다. 왕자가 지급한 것은 너무나 대단해 신부가 빠져있던 악한 주문에서 그녀는 완전히 풀려나게 되었습니다. 그녀는 자신을 위해 왕자가 오기를 기다리는 동안 왕자를 향한 신부의 순결과 사랑은 완전히 회복되었고 헤아릴 수 없을 정도로 성숙하여졌습니다. 드디어 왕자는 신부를 위해 오게 되었고 그녀를 자신의 신부로서 자신의 하늘 왕궁으로 데려갔습니다. 그러므로 그들은 행복하게 오래오래 살았습니다⋯⋯."

이 책은 바로 그리스도인, 여러분의 이야기이다! 신부인 여러분을 향한 하나님이신 신랑이 품은 열정에 대한 이야기이다. 이 이야기는 여러분의 하늘 결혼식에 대한 기록이다. 여러분의 결혼식에 대한 왕가의 기록물이 곧 성경이다. 우리가 그 성스러운 페이지를 펼치면서 우리는 하늘의 유일한 왕자의 사랑을 받는 여러분의 이야기를 읽게 된다.

"내 사랑 너는 어여쁘고도 어여쁘다! 네가 내 마음을 빼앗았구나! 네 입술에서는 꿀방울이 떨어지고 네 혀 밑에는 꿀과 젖이 있다!"(아가서 4:1, 9, 11).[3]

하나님 백성에게 주어진 숙명 : 혼인 도시에서 "영원히 행복하게"

나는 젊은 사역자들이 자신만의 사역 스타일을 형성할 수 있도록 격려한다. 어떤 사역자는 좋은 목자가 되기를 원한다. 잃어버린 양을 찾아 구원해내고, 병든 양을 회복시키며, 사자와 곰으로부터 보호해내는, 그리고 진정한 목자의 음성을 들을 수 있도록 양떼들을 가르칠 수 있는 좋은 목자가 되기를 원한다. 다른 사역자는 종이라는 표현으로밖에 설명할 수 없는 역할을 소명으로서 발전시키기도 한다. 하나님의 백성을 위해 자기 자신을 사랑의 마음으로 낮추는 행위로 자신의 백성에게 보여주신 예수님의 사랑을 나타내는 사역이다. 이 모든 사역의 비전은 각

---

3. 하나님께서는 이스라엘에게 젖과 꿀이 흐르는 땅을 약속하셨다(출애굽기 3:8). 메시아적 후손에게 약속 된 것은 감사한 마음이 꿀처럼 달콤하고 기도가 젖과 꿀처럼 상쾌한 백성들이라고 솔로몬은 말한다. 언약의 백성으로서 우리가 인자의 약속된 기업이라는 사실이 명확하다.

각의 관점에서 모두 훌륭하다. 그러나 내가 생각할 때 가장 고귀한 소명은 바로 신랑의 친구로 불리는 것이다. 바울은 끊임없이 사람들을 그리스도에게 '중매'하고 순결을 추구할 수 있도록 권면했다(고린도후서 11:2). 또한, 세례 요한은 하나님 백성의 마음에서 그리스도가 자라나면 자라날수록 자신의 역할은 줄어든다는 사실을 인식했다(요한복음 3:27:30).

진정한 사역자라면 목자이면서 종이 되어야 한다. 그러나 우리는 대부분 신랑의 친구로서의 소명을 잊을 때가 많다. 예수님의 결혼식 비유에서 명확히 설명하듯이 그는 자신을 신랑으로 소개한다(마태복음 22:1-14, 25:1-13). 또한 세례 요한도 이러한 비전을 위해 사역에 헌신했다. 세례 요한은 씻기고 회개하게 함으로 예수님의 신부인 백성들을 준비시켰다(요한복음 3:29-30). 바울의 위대한 사역도 의도적으로 신랑의 친구라는 사실에 맞추어져 있다. 도덕적 순결 문제를 가지고 있는 고린도 교회를 향한 바울의 사역 목적은 이런 요구를 전하기 위함이었다.

"내가 하나님의 열심으로 너희를 위하여 열심을 내노니 내가 너희를 정결한 처녀로 한 남편인 그리스도께 드리려고 중매함이로다"(고린도후서 11:2, 참조: 에베소서 5:22-23).[4]

영광의 어린 양과 혼인을 맺도록 선택된 자라는 사실이 바로 하나님 백성의 운명이며 이런 관점은 목회적 역할에 대한 생각을 변혁시킬 수 있다. 비참한 자들을 변혁시킬 수 있는 메시지 곧 하나님은 사랑스럽지

4. Theological Poetics: Typology, Symbol, and the Christ라는 책 6장에 "The Typology of the Bridegroom; Christ Uniting Male and Female"라는 글에서 더욱 자세히 다룬다.

못한 자를 사랑하실 수 있다는 은혜의 메시지를 이해할 수 있는 목회자가 우리는 필요하다. 세상의 창녀가 그리스도의 사랑으로 하늘의 순결한 신부로 변화될 수 있다는 사실을 인식하며 소망할 수 있는 목회자가 필요하다. 만일 하나님이 죽음에서 생명을 끌어낼 수 있다면 창녀를 순결한 신부로 변혁시키시는 일이 하나님에게 왜 불가능한 일이겠는가?

교회에 대한 비유로서 성경에 나타난 그리스도의 신부는 또 다른 중요한 의미가 있다. 성경에서 교회는 비유적으로 새로운 예루살렘에 대한 선지적 소망인 하늘의 도시를 의미한다.[5] 신부적 새 예루살렘이란 메시지는 고대 신앙인이 이생의 고난 속에서 인내할 수 있게 해준 비전이었다(히브리서 11:13-16, 12:22-23). 주님이신 그분과의 혼인적 소망과(이사야 62:1-12) 반짝이는 보석이 가득한 금빛의 새로운 도시라는 소망은(이사야 54:10-12) 구약과 더불어 신약 시대의 하나님 백성을 위로하는 메시지이다. 천상의 도시에 대한 이런 소망이 이생의 모든 고난 속에서 인내할 수 있는 근거이다. 자신의 백성 곧 신부와 함께 할 기쁨과 소망, 곧 멀리 있는 영광을 예수님께서는 바라보시며 십자가의 수치를 인내하셨다(히브리서 12:2). 예수님께서 구속한 백성으로 이루어진 천상의 예루살렘은 그의 소망이었다(히브리서 12:22). 복음 사역자가 하나님 백성에게 전할 메시지는 위로와 격려로 가득한 메시지이다. 성도의 죄가 무엇이든지 간에 주님의 영광과 혼인을 맺는 특권을 가진 자라고 자신의 귀한 성도에게 목회자가 격려할 수 있기를 바란다. 그리고 이 작은 책이 그 일을 도와줄 수 있기를 나는 기대하며 소망

---

5. 하나님의 도성과 새로운 예루살렘의 모형, 그리고 상징에 대한 설명은 다음을 참고하라. The Gospel of Genesis: Studies in Protology and Eschatology, 2nd ed.(Ft. Lauderdale, FL: St. Andrews Press, 2010), 4장 "The City of God and the Cities of Men."

한다. 성도의 권리인 미래에 대한 꿈을 하나님의 사람이 가질 수 있도록 격려할 수 있기를 바란다. 이생에서의 고난 후 천상의 새 예루살렘에서 어린 양과의 영원한 동반자가 된다는 사실이 그들의 영광스러운 소망인 것을 기대할 수 있다면 그것이야말로 위대한 위로와 영광스러운 기쁨의 메시지인 것이다.

어린 양의 신부의 모형으로서 성경 속의 신부

만일 구약 성경의 족장, 선지자, 제사장, 그리고 왕이 그리스도의 모형이라면 그들의 신부는 그리스도의 신부를 가리키고 있다고 합리적으로 생각할 수 있다는 점에서 이 책은 시작되었다. 실제로 이 책에서 살펴보고 있는 각각의 이야기는 개별적으로 위대한 복음 이야기를 담고 있으면서도 이 모든 이야기는 구속이라는 능력의 복음 이야기를 전하고 있다.

각각의 페이지를 통해 열여섯 명의 신부 이야기가 전해진다. 구약에서 열두 명 그리고 신약에서 네 명이다. 이들의 이야기가 네 종류로 나뉜다는 사실은 매우 놀라운 사실이다. 네 종류는 다음과 같다. 첫째로, 먼 나라 우물에서 발견되는 아름답고 순결한 세 족장의 신부들이다. 리브가(이삭의 신부), 라헬(야곱의 신부), 십보라(모세의 신부), 그리고 사마리아 여인(어린 양의 신부)이다. 아름답고 순결한 첫 세 족장의 신부 이야기는 야곱의 우물에서 예수님을 만나 아름다워진 어린 양의 신부를 상징하는 사마리아 여인을 위한 배경을 제공한다. 둘째로, 어린 양 신부의 장엄한 숙명을 가리키는 네 명의 왕가 신부이다. 시편 45편의 신부(다윗 왕의 신부), 술람미(다윗 왕가 아들의 신부), 에스더(아하수에로 왕의 신부), 새 예루살렘(왕이신 어린 양의 신부).

다음 두 종류에서는 우리가 받은 구속의 깊이가 나타나 있다. 몇몇 신부는 창녀로서 손상되어진 신부이다. 다말(유다의 신부), 라합(살몬의 신부), 고멜(호세아의 신부), 그리고 간음하다 잡혀 온 여인(어린 양의 신부)은 각각 구원 받기 전에 가진 도덕적 불순과 연관이 있다. 반대로 순결로 잘 알려진 신부가 있다. 하와(아담의 신부), 레아(야곱의 신부), 룻(보아스의 신부), 나사렛의 마리아(어린 양의 신부)는 어린 양의 신부에게 요구되는 순결을 나타낸다. 창녀와 동정녀 모두로 나타나는 메시아적 신부의 모호성은 창녀가 영광스러운 동정녀로 변모된다는 구속의 약속으로 풀릴 수 있다. 사랑받은 자 요한이 언급한 것과 같이 믿음의 공동체는 "신부가 남편을 위하여 단장한 것 같이"(요한계시록 21:2) 순결한 도시가 되어 하늘에서부터 내려온다.

단장한 신부라는 비전이 바로 신앙인이 가진 소망의 토대이다. 성부 하나님은 돕는 배필을 갖도록 인간을 창조하셨다. 인간이 홀로 있는 것은 좋지 않다(창세기 2:18). 따라서 예수님께서 율법 아래 태어나(갈라디아서 4:4) 인간이 되셨을 때 그도 홀로 있는 것이 좋지 못했다. 예수님도 신부를 가져야만 한다(요한복음 3:29). 그러나 이와 마찬가지로 율법 아래에서 예수님도 멍에를 불평등하게 지어서는 안 된다(신명기 22:10; 2 고린도전서 6:14). 아담에게 하나님이 말씀하시길 "내가 그를 위하여 돕는 배필을 지으리라 하시니라"(창세기 2:18). 예수님은 자신의 배필을 취해야 한다! 그 모든 성경 구절 중 이 구절이야말로 신앙인의 운명을 가리키는 가장 아름다운 구절이다! 말씀으로 속삭이며 우주를 창조하신 분, 신부 곧 자신의 동족을 자신이 마련한 하늘 너머로 데려가기 위해(시편 19:4-5) 태양과 같이 영광스럽게 부활하신

분, 곧 영광의 신랑을 위한 배필로 우리는 만들어져야 한다. 이것이 바로 상상할 수 없는 우리의 운명이다! 예수님이 자신의 영광을 결혼식에 초대된 우리 모두에게 나타내실 그 때(요한계시록 19:9), 곧 모든 것이 드러나는 그 때가 언제인가? 성령님과 신부가 "오라 하시는도다!"(요한계시록 22:17)라고 찬양하는 것은 당연한 일이다.

> "주 예수님 오시옵소서(요한계시록 22:20)!
> 당신의 혼인날과 당신의 기쁨의 날을 기다립니다!"

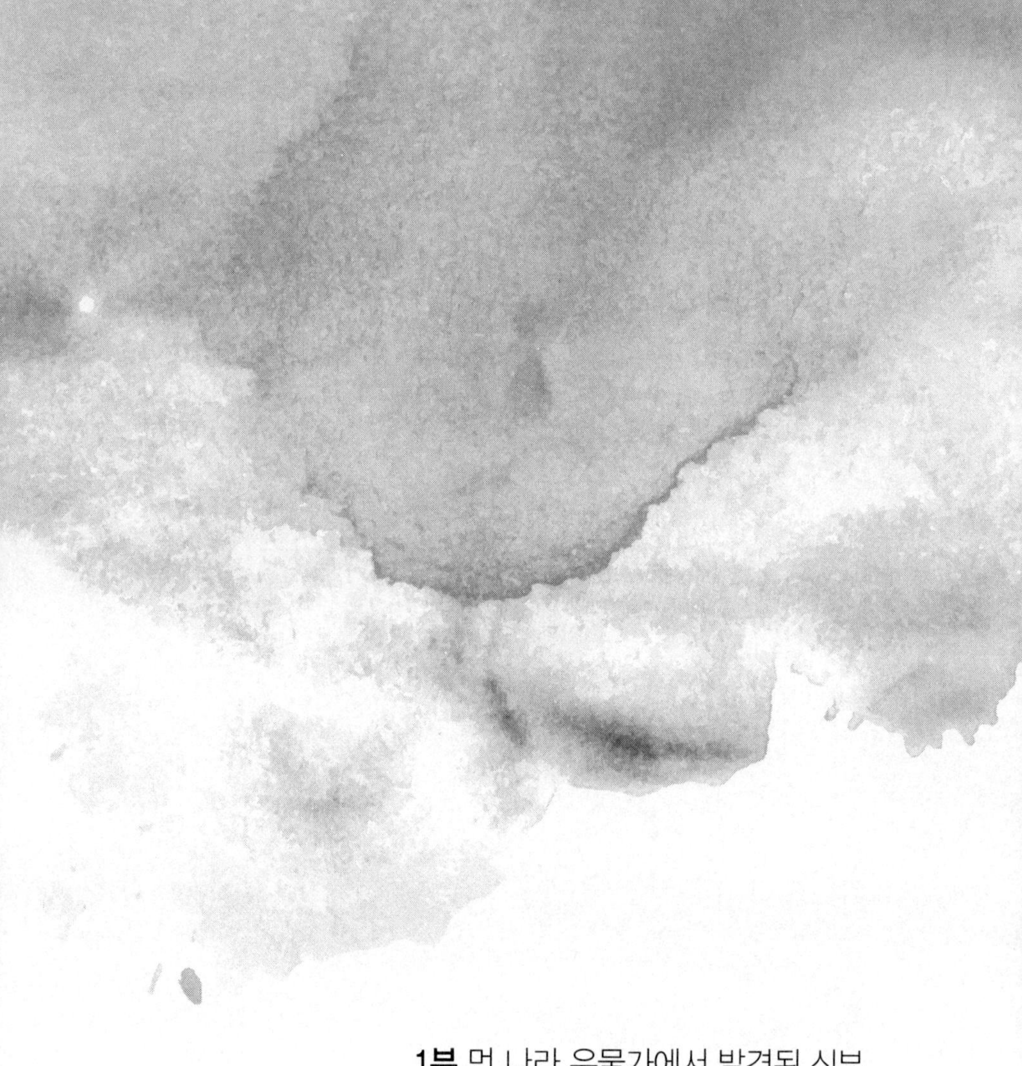

1부 먼 나라 우물가에서 발견된 신부

하란 우물가에서 만난 리브가

하란 우물가에서 만난 라헬

미디안 우물가에서 만난 십보라

사마리아 우물가에서 만난 여인

> "리브가를 불러 그에게 이르되 '네가 이 사람과 함께 가려느냐?' 그가 대답
> 하되 '가겠나이다.'"(창세기 24:58).

그녀는 전혀 예상하지 못했다. 이미 해는 저물어 갔다. 리브가는 모닥불을 피우기 위해 나무를 모으기 시작한 노인을 바라보았다. 그녀는 서둘러 노인을 도와 순식간에 그보다 많은 나무를 모았다. 아브라함의 종인 그 노인이 불을 피워 밤의 추위를 잠재우자 그는 앉아서 쉬었다. 매우 긴 하루였다.

"내가 무슨 짓을 한 거지?"라고 리브가는 조용히 스스로에게 물었다. 그녀는 바닥에 앉아 모닥불에서 피어오른 불꽃이 하늘로 올라가 다시 땅으로 떨어지는 모습을 보고 있었다. 불꽃은 하늘의 별똥별을 흉내내고 있는 듯했다. "나는 내 고향과 가족을 떠났어. 나는 내 아버지 집을 떠나 이 낯선 사람과 먼 나라로 가고 있다는 사실밖에 몰라. 그리고 지금 나는 한 번도 만난 적 없는 저 사람 주인의 아들과 약혼했어. 내가

정말로 이 모든 것에 동의한 것인가?"

리브가는 어제까지만 해도 가족을 위한 물을 긷기 위해 도시의 우물로 떠났었다. 그녀가 우물에 도착했을 때, 그녀는 우물가에 속수무책으로 앉아있는 노인을 보았다. 그 노인이 마실 물을 요청하자 그녀는 기꺼이 그에게 물을 주었다. 하지만 그가 마시고 있는 동안 그녀는 노인과 함께 온 열 마리의 목마른 낙타를 보게 되었다. 열 마리. 그녀는 한 마리에 약 십에서 이십 갤런(gallon)의 물이 필요할 것이라고 재빠르게 계산했다. 낙타를 위한 물을 긷기 위해선 여러 시간의 노력이 필요하다. 그러나 그녀는 하나님이 나그네를 향한 자비로운 환대를 기뻐하신다는 사실을 기억했다. 그래서 그녀는 노인의 낙타를 위해서도 물을 긷겠다고 제안했다.

노인은 크게 놀랐지만 그 제안을 받아들였다. 그는 리브가가 물을 긷는 것을 보았다. 매우 긴 여정으로 인한 갈증을 낙타가 천천히 푸는 동안 그녀는 왔다 갔다 하며 여물통을 채웠다. 몇 시간이 흘렀지만 리브가가 일이 끝날 때까지 멈추지 않고 끊임없이 물을 긷는 모습에 놀란 노인은 아무 말 없이 이를 지켜보았다.

드디어 그녀가 일을 마쳤고 모든 낙타가 만족했다. 그녀가 집으로 가져갈 물을 긷기 위해 물 항아리를 가지러 갈 때에 그 노인은 그녀를 멈춰 세우고 물었다. "네가 누구의 딸이냐?"

그녀는 뒤돌아보았을 때 노인이 금고리와 손목 고리를 손에 쥐고 있는 것을 보고 놀랐다. 그가 이 귀중한 보물을 주었을 때 그녀는 이렇게 대답했다. "나는 테라의 아들, 아브라함의 형제 나홀에게 낳은 아들 브두엘의 딸이니이다." 아브라함 형제 집안의 이름을 듣자 그 노인은 무릎을 꿇고 두 손을 높이 올려 주님께 감사드렸다. 노인이 자신을 소개하자, 리브가는 우물가에서 집으로 달려가 아브라함의 종이 왔다고 가족에게 말했다. 그녀의 형제 라반은 우물가로 달려가 나그네를 환영하고 밤 동안 묵을 잠자리를 권했다. 종이 집으로 들어갈 때 가족은 급하게 만찬을 준비해 그를 대접했다. 그러나 그 노인은 자신이 온 목적을 설명하기 전에는 아무것도 먹지 않겠다고 말했다. 그리고 그 노인은 놀라운 이야기를 전했다!

그의 주인 아브라함이 자신의 상속자인 아들 이삭의 아내를 찾기 위해 그 노인을 하란으로 보냈다. 하란에 도착한 노인은 주인의 아들을 위해 하나님께서 준비하신 아내를 찾게 해달라고 하나님께 기도했다. 리브가가 이야기를 듣는 동안, 그 노인은 그녀의 가족에게 나그네에게 너그러움을 베푸는 것으로 선택된 아내를 구별할 수 있게 해달라고 하나님께 부탁한 사실을 전했다. 더욱 구체적으로 노인에게 물을 권하고 자신의 낙타를 위해서도 물 긷기 원하는 모습으로 구별할 수 있도록 부탁했다는 사실을 말했다. 리브가는 그의 말을 듣고 몸을 떨었다. 아브라함의 아들 이삭의 아내로서 하나님이 자신을 선택했다고 그 노인이 말하고 있기 때문이었다! 그 노인과 리브가의 모든 가족은 그녀의 대답을 기다리며 바라보고 있었다. 과연 그녀가 동의할까? 이 노인과 함께 그녀가 한 번도 보지 못한 그 장소로 가겠다고 할까? 자신이 한 번도 만나지 못한 남자를 위해 그녀의 고향과 가족을 떠나려고 할까? 이 모든 것은 주님 외에는 그 어느 누구도 계획할 수 없는 일이라고 그녀는 혼자 생각했다. 모두의 시선은 그녀를 향했다. 그녀는 어떻게 할까? 리브가는 자신감에 찬 짧은 말로 모두를 놀라게 했다.

"가겠습니다."

관습에 따라 아브라함의 종은 그녀를 데려가는 대가로 신부 가족에게 막대한 선물을 주었다. 선물로 주어진 금과 은 그리고 아름다운 옷들은 전부 리브가가 처음 보는 것들이었다. 리브가는 자신이 한 행동을 숙고할 시간도 없이 곧바로 작별인사를 하고 떠났다.

이제 그녀는 모닥불 가에 앉아 쉬어 보려고 노력했지만 잠은 이미 달아나 버렸다. "이삭은 어떤 사람일까?" 그녀는 곰곰이 생각해 보았다. "선한 사람일까? 그의 이름은 '웃음'이라는 뜻인데, 하지만 그게 무슨 의미일까?"라고 그녀는 생각했다. 이상하게 그녀는 자신의 결정에 후회가 없었지만, 자신의 신랑이 어떠한 사람인지 궁금했다. 그녀는 그 남자를 보지도 못했는데 이미 자신이 그와 사랑에 빠져있다는 사실이 매우 이상하다고 생각했다. 주님께서 이삭을 위해 자신을 선택하셨다는 사실과 그 남자의 아내를 데려오기 위해 이 낯선 사람을 보내셨다는 사실에 그녀는 놀라움을 금치 못했다.

드디어 그 종은 모닥불 가에 편히 앉아 생각에 빠져있었다. 리브가는 그런 그를 방해하기는 싫었지만 더 이상 참지 못하고 광야의 침묵을 깨며 노인에게 물었다. "내가 결혼하게 될 그 남자에 대해 말해 주실 수 있나요?"

그 노인은 리브가를 바라보며 말하기 시작했다.

그는 웃으며 이렇게 말했다. "여인이여, 당신은 당신이 상상할 수 있는 것보다 더욱 위대한 이야기에 동참하게 되었습니다. 이 이야기는 나의 주인인 아브라함과 그의 씨(seed)을 향한 하나님의 사랑 이야기입니다. 아주 오래 전, 하나님은 이 세상을 구원시킬 자손을 이 땅에 보내주시기로 약속하셨습니다. 처음엔 선택된 자손을 아담과 하와에게 약속해 주셨습니다. 그리고 이제 하나님께서 매우 오랫동안 기다려 온 선택된 자손에 대한 약속을 나의 주인 아브라함의 가정을 통해 주시기로 약속하셨습니다. 리브가, 당신은 매우 축복받은 분입니다. 하나님께서 당신을 이삭의 아내로 선택하셨기 때문입니다. 그리고 이 세상에 구원자를 나타나게 할 어머니로 선택하셨기 때문입니다!"

"어떻게 그럴 수 있지요?"라고 리브가는 물었다.

"이삭의 놀라운 탄생 이야기부터 말하자면, 그가 태어나기 전 그의 탄생 소식은 천사에 의해 어머니와 아버지에게 선포되었습니다. 주님께서는 아브라함에게 나타나셔서 아들을 약속하셨습니다. 일단, 아이를 임신한다는 것은 기적이었습니다. 어머니는 불임이었고 아이를 갖기에는 나이가 매우 많았기 때문입니다. 그러나 하나님의 모든 약속의 성취는 이 아들의 탄생에 걸려 있었습니다. 하나님은 아브라함의 자손이 하늘에 별과 바닷가의 모래알 수만큼 많게 하시겠다고 말씀하셨습니다. 하나님은 그 자손이 원수의 성(城)을 차지하게 될 것이라고 약속하셨습니다."

"때가 되자, 주 하나님이 말씀하신 것처럼 사라가 아브라함에게 아들을 안겨주었습니다. 이삭은 나이가 많은 아버지에게 큰 기쁨을 주었고, 그의 아버지도 그로 인해 즐거워했습니다."

"그러나 이삭이 지혜와 키가 자라났을 때, 어느 날 하나님께서는 아브라함에게 그의 하나뿐인 사랑스러운 아들인 이삭을 산에 데리고 가서, 거기 한 언덕 제단에서 번제 제물로 바치라고 말씀하셨습니다!"

노인이 이야기를 전하는 동안 리브가의 마음은 두근거렸다.

"아브라함은 그 말씀에 순종하여 나무를 준비했습니다. 그리고 칼과 불을 챙겨 하나님께서 제단으로 지정하신 모리아 산으로 그의 아들을 데리고 갔습니다. 그들은 하나님께서 이삭의 죽음을 공포하신 후 사흘 만에 도착했습니다."

"하나님께서 선택하신 산에 그들이 도착했을 때에 아브라함은 제사를 위한 나무를 그의 아들이 짊어지게 했습니다. 그리고 그들은 산을 올랐습니다. 그들이 산을 오르는 동안 이삭은 아버지께서 제사를 위한 양을 준비하지 않았다는 사실을 알게 되었습니다. 이삭은 아브라함에게 물었습니다. '아버지 양은 어디에 있나요?' 아브라함은 '아들아, 하나님 자신께서 제사를 위한 양을 제공해 주실 것이다.'라고 대답했습니다. 그러나 그들이 제사 장소에 도착하자, 아브라함은 이삭에게 오늘의 제사를 위해 하나님께서 요구하신 제물은 이삭 자신이라고 말해주었습니다. 그는 아버지보다 강했습니다. 하지만 이삭은 망설였습니다. '내 아버지가 나를 묶어 나무 위에 눕히고 칼로 찌르는 것을 받아들여야 하는 것일까? 과연 내 의지를 내려놓고 그의 아버지의 뜻에 순종하는 게 맞는 것일까?'
이삭은 순종을 선택했습니다. 그는 자신의 손이 묶여지도록 내밀었습니다. 그리고 그는 칼에 찔릴 수 있도록 제단 나무 위에 누웠습니다. 그러나 아브라함이 자신의 아들을 제물로 바치기 위해 칼을 들어 올리자 주님의 천사가 그를 멈추고 이삭을 풀어주었습니다. 그리고 하나님은 제사를 위해 이미 준비하신 다른 양을 보여주셨습니다. 이로 인해 사흘 만에 이삭은 죽음의 명령에서 풀려나 그의 아버지 아브라함의 사랑으로 회복되었습니다!"

"그러니 리브가," 그는 부드러운 목소리로 말했다.

"죽음에서 살아나 온전해진 이후 아브라함은 자신의 아들의 기쁨을 위해, 또한 남자가 독처하는 것이 좋지 않음을 알기 때문에 나를 보냈습니다. 그는 사랑하는 아들에게 적합한 아내를 찾으라고 나를 보냈습니다. 그리고 소중한 당신은 바로 선택받은 바로 그 여인입니다! 당신은 위대한 아브라함의 가족이 될 것입니다. 그리고 이 가족에게 베풀어 주신 축복과 하나님 언약의 모든 약속들을 이삭과 함께 당신이 물려받게 될 것입니다! 이삭과 함께 한 당신의 자손이 이 세상을 구원할 것이고 원수의 성(城)을 차지하게 될 것입니다!"

그는 자신의 이불 위에 등을 기대고 눈을 감았다. 리브가는 말을 잃었다. 그녀는 조용히 먼 곳을 바라보았다. 하나님의 모든 약속은 이제 그녀의 것이다. 이삭의 삶 속에서 위대하게 역사하신 하나님이 이제 그녀에게 선한 일들을 시작하셨다. 그리고 그녀는 주님께서 자신을 통해 선한 기쁨을 이루실 것이라는 것을 알았다. 그녀는 먼 나라로 향하고 있었다. 그녀는 큰 축복의 아들을 위한 신부가 될 것이다. 그녀는 유산과 운명을 그와 함께 누릴 것이다. 그리고 아브라함의 아들에 의해 태어난 그녀의 자손은 아브라함의 언약이 약속한대로 이 땅에 모든 가족들에게 축복을 가져 올 것이다!

창세기 전체 중 가장 긴 이야기는 67절로 이루어져 있는 리브가와 이삭의 약혼 이야기다. 모세는 대단히 중요한 천지 창조 사건에 대한 설명보다 두 배나 많은 분량을 바로 이 사랑 이야기에 할애했다. 왜 그랬을까? 모세는 리브가의 약혼에 대한 이야기에 왜 이렇게 많은 분량을 할애했을까? 사랑 이야기에 왜 이런 정성을 쏟는 것인가?

성경 구절이 현저하게 많이 할당된 사랑 이야기에는 깊은 의미가 있다. 웅장한 창조는 온전히 하나님 손가락의(시편 8:3) 작품이다. 하지만 구원은 하나님 팔의 노력이며 자기 영혼의 고난에 의한 것이다(이사야 53:1, 11). 성경에 나타난 구원이라는 위대한 그림은 하늘의 아들을 위해 선택된, 이 땅에 있는 신부의 사랑 이야기다(에베소서 5:23; 요한계시록 21:2). 이삭과 리브가의 삶은 바로 이런 놀라운 이야기로 인도해주는 창문과 같다.

아브라함의 종이 리브가에게 진술한 것과 같이 이삭은 주님의 천사에 의해 그의 탄생이 선포되었고, 또한 그는 아버지에게 사랑받는 아들이었다(창세기 18:1-15). 잉태할 수 없는 여인에게서 태어난 그의 탄생 이야기는 기적이라고 할 수밖에 없다(창세 18:11). 그는 하나님께서 그의 아버지 가족에게 주신 축복의 상속자이며 약속의 아들이었다. 그러나 주님께서 아브라함을 불러 그의 아들을 제물로 바칠 것을 요구했을 때 그의 가족을 향한 하나님의 언약적 축복은 더 이상 이어질 수 없는 듯 했다. 그럼에도 불구하고 이삭은 겸손히 순종했다. 자신을 드릴 나무를 메고 모리아 산(이후 예루살렘 성전)으로 올라가기까지 순종했다. 성경이 증언하는 대로 이삭은 사흘 만에 죽음에서 살아났다(창세기 22:4).

우리를 예수님께로 인도하기 위해 하나님은 이삭의 삶을 준비하신 것이 아닌가? 예수님은 아버지로부터 사랑을 받은 분이다. 동정녀에게서 나신 예수님의 기적적인 탄생은 잉태되기 전에 천사가 예언하였다. 또한 약속의 자손이신 그리스도는 아브라함과 더불어 그의 자손과 맺은 하나님 언약의 성취이다. 이삭과 같이 외아들이신 예수님도 자신의 목숨을 제물로 바칠 것을 요청받았다. 그는 겸손히 자신의 아버지 뜻에 순종했다. 그는 자신을 드릴 나무를 메고 갈보리 언덕을 올랐다. 그러나 사흘 만에 그는 죽음에서 살아났다.

만일 이삭이 예수님의 모형이라면 당연히 리브가는 교회의 모형이며 그리스도의 신부의 모형이다. 어떻게 그런 사랑이 완성되는가? 한 번도 보지 못한 남자와 사랑에 빠진 리브가, 그녀를 향한 하나님의 섭리를 통하여 우리가 우리 자신의 소명에 대해 무엇을 배울 수 있다는 말인가? 먼 나라에 있는 신랑과 약혼한 신부, 그리고 그녀가 모든 것을 버리고 선택한 그 남자를 통해 우리는 자신의 운명에 대해 무엇을 배울 수 있는가?

첫째로, 이삭과 리브가의 혼인은 남녀 간의 사랑으로 시작하지 않았다. 그와 달리 사랑하는 아들을 위해 신부를 얻으려는 아버지의 결정에서 시작했다는 사실을 우리는 인정해야 한다(창세기 24:3-4). 하나님의 신실하신 언약의 섭리를 신뢰하며 아브라함은 이삭을 위한 신부를 얻기 위해 먼 나라로 자신의 종을 보냈다. 그의 종은 선택된 신부를 확인하자 그녀의 해방을 위해 엄청난 대가를 그녀의 가족에게 지불했다(창세기 24:53). 하나님에 의해 선택된 자라는 감당하기 힘든 섭리에도 불구하고 리브가는 이를 승낙할 수 있을 만큼 품위가 떨어지지 않았다(창세기 24:5-8, 55-58). 그리고 그녀는 자신의 남편과 함께 상속자로서 누릴 땅, 그 곳을 향한 긴 순례길을 가기 위해 자신의 가족을 떠났다(창세기 24:61).

고대 근동지방의 결혼 관습은 이와 같았고 은혜의 복음이 가진 양식도 이와 같다. 우리의 혼인도 아버지이신 하나님이 자신이 사랑하는 아들을 위한 신부를 얻기 위한, 주권적인 선택에서 시작하기 때문이다. 우리가 선택되어질 때 우리의 구원을 위해 엄청난 대가가 지불된다. 그리고 리브가와 같이 우리도 모든 것을 뒤로 하고 떠나야 하는 신적 부르심을 받는다. 우리는 우리가 상속받은 영원한 집, 그 약속에 땅에서 일어날 우리의 혼인 잔치를 위해 인생이라는 순례길을 인내하며 걸어야 한다.

그리스도인으로서 우리는 리브가의 결정이 얼마나 고통스럽고 어려운지 이해할 수 있다. 그리스도를 통한 구원이라는 복음을 우리가 처음 들을 때에도 그에 따른 요구에 의해 망설여진다. 자신을 위해 모든 것을 버리라고 요구하는 분, 그리고 한 번도 만나보지 못한 그 분을 따르기 위해 익숙한 삶에서 떠난다는 것은 마치 미친 짓으로 보이기 때문이다. 하지만 리브가와 같이 우리들의 영혼에 평화가 자리 잡는다. 그리고 그와 함께하는 삶에 대해 충분한 이해 없이 그 분에게 자신을 드리기를 소망하는 자신을 발견한다.

"너희가 보지 못하였으나 사랑하는도다"(베드로전서 1:8)라고 베드로가 말한 그 분이 바로 예수님이다. 그러나 우리를 찾으시고 그의 품으로 인도하신 하나님의 섭리를 리브가와 같이 우리도 신뢰할 수 있다. 우리 안에서 시작하신 선하신 일을 하나님은 신실히 완성하실 것이라는 사실을 우리는 확신할 수 있다(빌립보서 1:6). 우리는 예수님의 약속을 기억한다.

"또 내 이름을 위하여 집이나 형제나 자매나 부모나 자식이나 전토를 버린 자마다 여러 배를 받고 또 영생을 상속하리라"(마태복음 19:29).

그의 평화가 우리의 마음을 지킨다.

리브가와 같이 우리는 사랑받는 약속의 아들과 혼인식을 올린다. 또한 우리는 그의 왕가에 속해질 뿐만 아니라 여러 민족을 축복하는 그의 운명에 동참한다. 이 땅의 모든 가족에게 그 사랑을 전하기 위한 하나님의 열정과 백성을 향한 하나님의 사랑은 영원하며 영광스러운 사랑이다. 예수님은 바다의 모래알과 하늘의 별보다 많은 영적인 여러 아들과 딸을 갖게 될 것이다. 그리고 우리가 바로 그 큰 무리다.

리브가에게 던져진 똑같은 질문이 우리 모두에게도 던져졌다. "네가 이 사람과 함께 가려느냐?"

리브가와 같이 우리도 그 분과의 사랑을 위해 알고 있던 모든 것을 자유롭게 버리자! 하나님께서 우리와 짝지어주신 그 분을 위해! 그리스도와 그의 신부의 혼인잔치에 초대된 자들을 기다리고 있는 영광스러운 미래는 이 땅에 그 어떤 것과 비교될 수 없기 때문이다.

"네가 이 사람과 함께 가려느냐?"

당신을 위해 자신의 생명을 내려놓은 그 분을 향한 절대적이며 헌신적 마음으로, 자유롭고 신실하게 리브가와 같이 답변하자!

"가겠나이다."

하란 우물가에서 만난 라헬 | 창세기 28-29:20

"야곱이 그 외삼촌 라반의 딸 라헬과 그 외삼촌의 양을 보고 나아가서 우물 아구에서 돌을 옮기고 외삼촌 라반의 양떼에게 물을 먹이고 그가 라헬에게 입맞추고 소리내어 울며"(창세기 29:10-11).

태양은 이미 중천에 올라가 있어 매우 더웠다. 하란에 사는 목자들이 우물에 모일 시간은 아니었지만 몇몇은 이미 도착해 기다리고 있었다. 우물 입구를 덮고 있는 큰 돌을 같이 옮길 사람이 필요하기 때문이다. 돌을 옮길만한 사람들이 모이면, 그들은 양떼를 위해 물을 긷는다.

야곱은 가나안을 떠나 긴 여정 끝에 친척이 있는 도시, 곧 밧단아람과 하란에 도착하게 되었다. 그는 자신을 죽이려는 형 에서의 위협을 피해 도망쳤다. 도망치는 동안 야곱은 돌을 베개로 삼아 잠을 잤다. 잠을 자는 동안 그는 꿈에서 하늘과 땅을 잇는 거대한 계단을 보았다. 그 계단에서는 하나님의 천사가 오르락 내리락하고 있었다. 꿈에서 깨어나자 야곱은 돌에 기름을 붓고 하나님의 집 또는 벧엘이 이 돌 위에 지어질 것이라고 말했다. 그의 여정은 놀라움으로 가득했다.

하지만 오늘 야곱은 목마름으로 하란의 우물을 찾아온 낯선 사람에 불과하다. 그러나 하늘의 모든 천사들은 정오가 다가오자 야곱을 지켜보고 있었다. 야곱은 주님의 천사에 의해 '이스라엘'이란 이름을 받게 될 운명을 가진 자였기 때문이다.

하나님께서 아브라함의 종에게 이삭의 신부를 보여주신 우물과 똑같은 우물로 야곱이 도착했을 때 천사들은 하늘에서 지켜보고 있었다. 이제 리브가의 아들이 같은 우물에 도착했다. 하늘에 있는 천사 모두는 기대감으로 이를 바라보고 있었다. 그녀는 어떨까? 하란의 모든 여인 중 위대한 아브라함의 손자인 야곱의 신부로 선택될 여인은 누구일까? 수많은 약속과 언약의 축복의 소유자인 야곱, 그의 신부가 될 여인은 누구일까? 그 날 하늘의 모든 천사는 우물을 지켜보고 있었다.

야곱은 자신의 친척을 아는지 우물가에 있는 목자에게 물어보았다. 그들은 안다고 답했다. 또한 삼촌의 딸인 라헬이 양떼를 끌고 우물로 오고 있다고 그들은 대답해주었다. 야곱이 눈을 들어 하란을 바라보자 그는 우물로 오고 있는 한 소녀의 실루엣을 볼 수 있었다. 라헬은 매우 아름다운 여인이었다. 그녀는 얼굴과 모습 모두 대단히 아름다웠다. 야곱이 사랑스러운 라헬을 보았을 때 다른 목자의 도움이 필요하다는 사실을 완전히 잊은 채 우물로 나아가 라헬의 양떼를 위해 혼자 돌을 옮겼다.

'이 낯선 사람은 누구지.' 라헬은 놀라워하며 혼자 생각했다. "이 사람 힘이 엄청나네! 돌을 옮기기 위해선 여러 명이 필요한데 이 사람은 이걸 혼자 해내다니!"(창세기 29:8-10).

돌을 옮기고 난 후 야곱은 라헬의 목마른 양떼를 위해 물을 길었다.

그리고 나서 야곱은 라헬에게 자신이 친척이라고 소개했다. 우물가에서 친척을 만난 것에 놀란 라헬은 도시로 뛰어가 아버지에게 알렸다. 즉시 그녀의 아버지 라반은 우물가에 나와 야곱을 반기며 자신의 집으로 초대했다. 그리고 야곱은 며칠을 라반과 함께 지내기로 했다.

　야곱은 라반에게 여정 속에서 일어난 모든 일을 말해주었다. 리브가의 남편 이삭, 곧 자신의 아버지의 축복이 야곱에게 주어졌다. 그래서 그는 아버지 집을 떠나 자신의 축복을 나눌 신부를 찾기 위해 길을 나섰다. 하나님께서 아브라함의 종을 자신의 아버지 이삭의 아내를 찾기 위해 그 우물로 인도하셨다는 사실을 이미 알고 나서 야곱은 하란 우물에 도착했다. 야곱은 하나님이 자신에게도 비슷한 친절을 베풀어 주셨으면 하는 소망을 가지고 도착했다. 라헬이 친척이라는 사실을 알게 되었을 때 야곱은 하나님의 은혜로 하란 우물가에서 자신의 어머니 리브가가 선택된 것처럼 하나님의 선한 섭리로 라헬이 자신의 아내로 선택되어졌다는 사실을 알았다. 야곱은 라헬에게 자신이 친척임을 드러냈고 입맞추었다. 그리고 그는 사랑의 마음을 주신 주님께 감사의 눈물과 함께 소리 높여 외쳤다. 그녀의 아름다움은 야곱 안에 있는 모든 힘이 솟아나게 했다. 그는 자신의 모든 애정을 그녀에게 쏟을 것을 약속했다. 그리고 라헬은 야곱이 자신을 영원히 사랑할 것을 알았다.

라헬은 눈부시게 아름다운 소녀였다. 그녀의 이야기는 야곱이 첫 눈에 반했다는 사실을 명확히 보여준다. 야곱은 그녀의 아름다움에 대한 열정으로 우물 입구를 막고 있는 무거운 돌을 옮길 수 있는 초자연적인 힘까지 얻게 된다. 사랑을 해 본 사람이라면 누구나 이해할 매력적인 이야기이다. 야곱은 자신이 사랑하는 여자의 마음을 얻기 위해 신화 속

영웅과 같은 힘을 자신 안에서 찾게 된다. 사랑은 그런 것이다. 사랑은 우리로 하여금 인간이 가진 능력의 한계를 뛰어 넘게 한다.

사랑은 아름다움에 의해 움직인다. 그리고 라헬의 아름다움은 야곱의 마음을 열정으로 가득 차게 할 수 있도록 하나님께서 디자인하신 것이다. 당신의 이야기와 그녀의 이야기가 어떤 연관성이 있다는 것인가? 라헬을 향한 야곱의 사랑이 깨어날 수 있도록 특별히 고안된 아름다움을 라헬에게 주신 것처럼 그리스도와의 혼인식 날에 가지게 될 당신의 아름다움을 아버지이신 하나님은 아들인 예수님에게 보여주셨다. 그리고 예수님은 당신이 가질 온전한 모습과 사랑에 빠지셨다!

성령님께서 성화의 역사를 당신의 마음에서 온전히 이루셨을 때, 그리고 부활하신 그리스도의 영광을 닮도록 새롭게 창조하셨을 때의 모습을 상상해보라. 바울은 그 때에 당신은 하늘의 신랑에게 "티나 주름 잡힌 것이나 이런 것들이 없이"(에베소서 5:27) 나타나게 된다고 한다. 사도바울은 당신에게 일어날 구원의 과정을 노화 과정을 거스르는 표현으로 설명한다. 이런 표현은 아름다움이란 손상되기 쉬울 뿐만 아니라 순간적이라는 사실을 내포하고 있다. 그러나 당신은 임할 세상을 위해 준비되고 있다. 그 세상은 아름다움이 거슬러지고 언제나 영원히 더욱 아름다워지는 곳이다. 아버지이신 하나님께서는 당신이 예수님을 향한 사랑으로 영원히 자라나고 성숙해질 수 있도록 당신을 창조하셨다. 그리고 예수님의 사랑은 영원히 위대하며 언제나 더욱 아름답게 당신 안에서 역사하게 된다. 이 약속이 바로 사랑받는 자인 당신의 것이다. "왕이 너의 아름다움을 사모하실지라!"(시편 45:11).

예수님께서는 당신의 이 모습을 보았기 때문에 그는 십자가의 부끄러움을 개의치 아니하셨다(히브리서 12:2). 자신의 아버지께서 당신을

그의 영원한 배필로서 주셨다는 사실을 알기 때문이다. 예수님께서는
바로 천상의 모습과 사랑에 빠지셨다. 사실 그는 당신의 성화 된 모습
에 강력하게 이끌려 당신을 위해 죽음과 무덤을 이겨내셨다! 그리고 우
물 입구를 막고 있는 거대한 돌을 움직이는 야곱을 놀라움으로 목격한
라헬과 같이 당신은 야곱보다 위대한 예수님께서 자신의 무덤을 막고
있는 돌을 움직이셨을 때에 놀라움으로 목격했다! 그 돌이 바로 당신을
예수님의 생명의 물에서 분리시켰다. 그러나 그가 생명의 물이 가득한
이 샘의 입구를 당신을 위해 여셨다!

  야곱은 라헬을 향한 사랑으로 "칠 년을 수 일 같이"(창세기 29:20)
여기며 그녀를 수 년 동안 기다렸다. 주님이신 예수님께서도 당신과 함
께하기를 고대하고 계신다. 당신의 혼인식 날 아버지 하나님께서 당신
을 사랑하는 분과 만나도록 부르실 때까지 그는 기다리고 계신다!

미디안 우물가에서 만난 **십보라** | 출애굽기 2:15-22; 4:24-26; 18:1-7

"당신은 참으로 내게 피 남편이로다!"(출애굽기 4:25).

십보라는 어느 날 미디안 우물에 도착했을 때 자신의 남편을 처음 만났다. 그녀는 자신의 여섯 자매와 함께 아버지의 양떼를 위한 물을 길으러 떠났다. 물을 길어 모든 여물통을 채우는 힘든 일을 끝냈을 때에 어떤 목자가 나타나 여인이 길은 물을 빼앗기 위해 그녀를 내쫓으려 했다. 그 때 갑자기 예상치도 못한 한 남자가 나타나 여인을 보호해 주었다. 전사와 같이 싸우며 그는 혼자서 여인을 목자에게서 구원해 주었다. 그리고 나서 그는 친절하게도 직접 여인의 양떼에게 물을 제공해 주었다. 이후 십보라의 아버지는 그녀를 모세에게 주어 아내가 되게 했다. 그리고 모세는 목자 일을 하며 미디안에서 그녀와 함께 만족하며 지냈다.

십보라의 남편의 한 사역을 뒤돌아보았을 때 그의 삶에 있어서 핵심 사건은 물과 연관성이 있음을 알 수 있다. 그는 갓난아이였을 때 물에서부터 구원을 받았고 노인이 되었을 때에는 모든 이스라엘 사람을 물에서부터 구원해 주었다. 그는 미디안 우물에서 물을 길었고 또한 광야에서는 돌에서 물이 쏟아지게 했다. 그는 나일 강의 물을 피로 변화시켰고, 마라의 쓴 물을 변화시켜 달콤하게 만들었다.

십보라는 미디안 우물에서 모세를 처음 만났던 날을 회상한다. 모세가 십보라와 그의 자매를 목자들에게서 구원한 후에 이드로의 여러 딸은 자신의 아버지에게 모세가 한 모든 일을 보고했다. 그들은 아버지에게 이집트 사람 손에 의해 흔치 않은 친절을 받았다고 말했다. 이집트 사람! 그의 태도는 이집트 사람의 태도였지만 그는 사실 아브라함의 자손 히브리인이었다. 이집트인이면서 동시에 히브리인이다! 미디안의 제사장인 그녀의 아버지가 십보라를 모세의 아내로서 허용한 후 그녀는 그 남자를 두 아들의 아버지로 알게 된다. 그러나 그가 산에서 하나님을 만나게 된 후 주님은 모세가 파라오에게 신과 같을 것이며 그의 형제 아론은 이집트 왕에게 그의 선지자와 같이 말할 것임을 말씀하신다. 따라서 모세는 이집트인이면서 동시에 히브리인이다. 그는 인간인 동시에 신과 같다. 주님께서 직접 말씀하셨다(출애굽기 7:1). 이집트-히브리? 하나님-인간? 그는 평범한 목자였으며 십보라의 남편이었지만 예전에는 이집트 왕족의 왕자였다. 왕족 목자? 어떻게 단순한 인간이 이 모든 것을 망라할 수 있을까?

십보라는 강한 여인이었음에도 불구하고 그녀는 보기와는 다르게 매우 거대한 남편에 의해 완전히 가려졌다. 많은 사람이 그녀의 이름을 모르지만 그녀의 남편 이름은 알고 있다. 모세 아내의 역할은 쉬운 일이 아니다. 그녀는 이런 질문을 매우 많이 들었을 것이다. "십보라, 이 시대 뿐만이 아닌 그 어떤 시대를 포함해 가장 위대한 남자의 아내로서의 삶은 과연 어떠한 삶이야? 하나님을 직접 대면한 그런 남자의 아내로 살아간다는 것은 도대체 어떨까?”

십보라는 팔십 년 동안 하나님께서 모세를 상상할 수 없는 힘과 사역으로 부르시는 것을 목격했다. 주님께서는 여인의 자손을 약속하셨다. 그리고 모세는 여인의 자손을 통하여 구원을 이루시겠다는 하나님의 예정에 대한 위대한 상징이다. 모세 이전에 모든 족장의 삶의 정점이 모세의 삶으로 나타난다.

노아와 같이 모세는 역청이 발라진 방주로 물에 의한 죽음에서 살아나게 되었다. 아브라함과 같이 모세는 주님이 파라오 집안에 재앙을 내리실 때에 오명에서 벗어나게 되었다. 이삭 그리고 야곱과 같이 모세는 자신의 아내가 될 여인을 우물가에서 발견하였다. 요셉과 같이 모세는 하루아침에 죽음의 장소에서 파라오 왕가의 장소로 옮겨져 위대해졌다. 요셉과 같이 모세는 이방 땅 제사장 딸과 결혼을 해 두 아들을 낳았다. 그리고 또한 요셉과 같이 모세는 절망스러운 때에 이스라엘 가족에게 빵을 제공했다. 도대체 십보라가 결혼한 이 사람은 누구인가? 그 이전에 나타난 모든 족장은 모세에게 있는 위대함의 그 어떤 부분들을 예고하고 있다. 만일 이 땅을 구원하실 하나님의 목적에 있어서 모세가 매우 의미 있다면 그 위대한 사람의 아내로서 십보라를 선택하신 하나님의 목적은 무엇인가?

모세가 위대한 사람이라는 것은 사실이다. 그러나 하나님이 그의 위대함이 오직 여인들의 사역을 통해서만 나타날 수 있도록 정해 놓으셨다는 사실을 십보라는 알고 있었다. 용감하게 파라오에 저항하여 도살당하는 이스라엘의 순진한 남아를 살려준 사람은 히브리 산파였다. 물에 의한 죽음에서 노아를 건지신 하나님에게 믿음으로 자신의 갓난아이를 헌신한 사람은 모세의 어머니였다. 그녀는 작은 방주를 준비하여 아들을 눕혔다. 그리고 아이의 죽음을 위해 파라오가 준비한 강가 갈대 사이에 그 방주를 띄웠다. 모세의 생모가 젖을 먹이고 이후에 파라오의 딸에 의해 왕가의 자녀로 자라날 수 있었던 이유는 모세 누나의 지혜로운 간섭이었다.

이런 여인들과 비교한다면 십보라는 모세의 공적인 삶과 사역에 있어서 단지 작은 역할에 불과했다. 그러나 십보라는 다르게 생각했다. 하나님께서 자기 백성을 해방시키라고 모세에게 명령하신 후 이집트로 향하는 중 한 숙소에서 일어난 이상한 일을 십보라는 기억한다. 모세는 자신의 아들에게 할례를 행하는 일을 소홀히 여겼다. 하나님께서는 이집트에서 속박된 상태에 놓인 백성을 해방시키기 위해 모세를 보냈지만, 모세가 이집트로 향하고 있을 때 하나님은 그의 불순종으로 모세를 죽이려고 하셨다. 그러나 한 때 모세가 십보라를 구했던 것과 같이 이제는 십보라가 개입하여 모세를 구했다. 그녀는 그들의 첫째 아들에게 스스로 할례를 행했다. 피투성이가 된 언약의 징표가 완성되자 그녀는 언약의 피를 모세에게 묻혔다. 그러자 하나님의 진노가 모세에게서 떠났다. 그녀는 할례로 인하여 모세에게 이렇게 말했다. "당신은 참으로 내게 피 남편이로다!" 마치 오직 유월절 양의 피만이 죽음의 천사로 하여금 이스라엘의 목숨을 살려준 것과 같이 오직 모세의 첫째 아들의 피만이 하나님의 진노를 떠나게 할 수 있었다.

위협의 순간 모세의 길을 틀어주어 피하게 하는 이 이상한 섭리! 모세가 이집트를 떠날 때에는 파라오가 죽이려고 했고(출애굽기 2:15), 그가 이집트로 돌아갈 때는 하나님께서 죽이려고 하셨다(출애굽기 4:24). 이럼에도 불구하고 모세는 하나님께서 예비하신 모든 일들을 완성하도록 선택되었다. 모세는 하나님과 인간 모두와 분투했지만 그는 이겼다. 야곱과 같이 모세가 바로 진정한 '이스라엘'이다. 모세는 거룩한 산에서 하나님의 말씀을 들은 사람이다. 모세는 하나님의 말씀을 인간에게로 가지고 내려온 사람이다.

이런 위대한 사람의 아내로 살아간다는 것은 어떠했을까? 아마도 쉽지는 않았을 것이다. 온 땅에 그의 명성이 퍼져가는 그녀의 남편에게 사역의 중요성은 매년 더해졌을 것이다. 그러나 십보라는 이 사실에 위로를 받았다. 하나님의 섭리는 이집트에 속박된 백성을 구할 모세의 생명을 보존하기 위하여 이 땅에 있는 모든 여자들 가운데 십보라를 사용하셨다는 사실이다. 하나님께서 모세로 하여금 수많은 일을 완성시키게 할 수 있었던 이유는 하나님께서 모세의 돕는 배필로 십보라를 선택하셨기 때문이다. 이로 인해 그녀는 하나님의 사랑과 남편의 사랑에 스스로 만족할 수 있었다. 모든 이스라엘 백성을 죽음에서 구하기 위해 돌에서 물이 쏟아지도록 하나님께서 선택한 남자가 곧 우물가에서 자신을 목자로부터 구해 준 그 남자라는 사실에 십보라는 주님을 찬양했다(출애굽기 17:5-6). 이러한 방식으로 모세는 하나님의 백성을 해방시켜 그들에게 약속된 기업인 낙원의 땅으로 인도했다. 십보라는 모세를 위한 돕는 배필로 하나님께서 이미 준비하신 아내다. 그녀의 개입으로 이집트로 돌아오는 길 숙소에서 모세는 살아날 수 있었다. 그리고 모세를 살린 일로 인하여 십보라는 이스라엘을 향한 하나님의 구원 계획이 유지될 수 있도록 하였다.

당신도 십보라와 같이 적이 억압하며 당신의 모든 업적을 수포로 돌아가게 하는 그 때에 남편을 처음 만났다. 갑자기 그리고 예상치 못한 낯선 사람이 당신을 구하기 위해 찾아왔다. 그리고 그가 자신의 생명의 우물에서 당신을 위한 물을 길어 영생을 주었다. 물! 어떻게 이런 신비스러운 성질이 예수님의 능력을 나타낼 수 있을까! 그의 단순한 말 한마디가 폭풍의 물결을 잠잠하게 한다(마가복음 4:39). 그가 물 위를 걸을 때 바다는 그의 오솔길이 되었다(마태복음 14:25). 그리고 그는 정결의식을 위한 물을 포도주로 변화시켜 혼인 잔치에 모인 자를 기쁘게 하였다(요한복은 2:9).

얼마나 위대한 남편인가? 그는 하나님이시면서 인간이다. 그 분이야 말로 아브라함의 진정한 자손이다. 그러나 그는 가나안 사람 다말과 라합의 자손인 다윗의 자손이기도 하다. 또한 그는 모압 사람 룻에게서 태어난 오벳과 이새의 자손이다(마태복음 1:3, 5). 그리고 그는 암몬 여자에게서 태어난 르호보암의 자손이기도 하다(마태복음 1:7; 열왕기상 14:31). 그는 아브라함의 자손이며, 가나안의 자손이고, 모압의 자손이며, 암몬의 자손이다. 그는 여자에게서 태어났지만 하나님의 아들이다. 하나님-인간이다. 그는 유다의 왕자이며 하나님 백성의 선한 목자이다. 그 어떤 인간이 이 모든 것이 될 수 있는가? 그는 당연히 인간 그 이상이다.

예수님이 당신의 남편이라는 사실은 자기 자신에 대한 이해를 뒤집어 놓게 된다. 어떻게 아버지 하나님께서 자신이 사랑하는 아들과 함께 똑같은 멍에를 매도록 당신을 준비하셨을까? 그리스도인이여, 모든 시대를 아울러 가장 위대한 남자의 아내로서 살아가는 삶이 어떠한가? 하나님 얼굴을 맞대고 이야기하며 주님의 산에서 하나님의 말씀을 우리에게 전해주는 그 남자의 아내의 삶은 어떠한가(마태복음 5:1)?

모든 구원의 역사가 예수님 안에서 정점에 이른다는 사실을 고려해 보아라! 아담의 죄가 우리 모두에게 죽음을 가져오지 않았는가? 그러나 또한 그리스도의 순종이 우리 모두에게 생명을 가져다주었다. 만일 노아가 자신의 가정을 심판의 물을 지나 새 창조로 인도했다면, 그리스도는 우리를 심판의 불을 지나 의로운 자들이 머무는 새 하늘과 새 땅으로 인도할 것을 약속하고 있지 않는가? 만일 아브라함이 자기 아들을 바칠 곳에서 염소를 바쳤다면, 예수님께서는 우리 모두의 죄를 씻을 제물, 양으로서 하나님께 드려지지 않았는가? 만일 야곱이 하나님과 인간 모두와 씨름하여 이스라엘이 되었다면, 인간을 위해 하나님과 씨름하신 예수님이 진정한 이스라엘이 되시지 않았는가? 만일 모세가 우리에게 율법을 가져다주었다면, 그리스도는 우리에게 은혜와 진리를 가져다주시지 않았는가? 만일 다윗이 거대한 골리앗을 무찔렀다면, 예수님께서는 거대한 붉은 용을 무찌르지 않으셨는가? 만일 솔로몬이 태양 아래 새로운 것은 아무것도 없다고 슬퍼했다면, 예수님께서는 자신이 모든 것을 새롭게 하시겠다고 말씀하고 있지 않으신가? 만일 예수님의 위대함에 비교될 대상이 없다면, 하나님께서 그 위대한 분의 신부로 당신을 선택하신 목적은 무엇인가?

하나님의 아들과 관련하여 당신이 맡은 부분이 매우 작은 역할로 보일 수 있다. 그러나 그리스도인이여, 이것을 고려해 보아라. 신랑이 자신의 구원의 역사를 이룰 수 있었던 것은 당신이 영원히 자신에게 주어질 것이라는 사실 때문이다! 당신 때문에 예수님은 십자가의 부끄러움을 참으시고 자신의 피흘림으로 하나님의 분노를 사그라트렸다(히브리서 12:2)! 그리고 그는 우리에게 손으로 하지 아니한 할례를 행하셨다(골로새서 2:11)! 이 모든 것은 당신을 위함이며 당신과 영원히 하시겠다는 약속을 지키기 위함이다. 이를 통해 그의 사랑은 죽음보다 강하다는 사실을 보여주셨다!

사마리아 우물가에서 만난 **여인** | 요한복음 4:1-42

"당신이 이 우물을 준 야곱보다 더 크니이까?"(요한복음 4:12).

태양은 이미 중천에 올라가 있었다. 매우 더웠다. 관례적으로 도시 외곽에 위치한 우물가에 여인이 찾아올 시간이 아니다. 대부분의 여인은 선선한 저녁에 물을 긷기 위해 우물가에 간다. 물 긷는 일은 같이 나선 여러 여인과 함께함으로 더욱 즐거워진다. 그러나 수가에는 정오의 열기를 감수하면서까지 우물에 홀로가기 원하는 여인이 있다. 그녀는 여러 명의 다른 여인과 함께 가기에는 수치심으로 가득했기 때문이다. 매우 작은 동네 수가에 있는 모든 사람은 그녀에 대해 알고 있었다. 그 동네에 살던 다섯 남자가 그녀와 결혼했었기 때문이다. 그러나 그 모두가 한 명씩 그녀를 떠났다. 그녀는 과거 자신의 실패에 대해 큰 수치심을 가지고 있었기 때문에 관례나 겉치레 모두 무시했다. 그 누구도 정조에 대한 그녀의 서약을 더 이상 믿지 않았다. 그래서 그녀는 새로운 남자와 그 어떤 단순한 혼인식도 없이 동거에 동의했다. 그녀에게는 지켜야 할 그 어떤 체면도 없었다. 그래서 그녀는 동네에 점잖은 여인들이 숙덕이는 모임을 최대한 피했다.

어느 날 그녀가 우물가에 혼자 가기 위해 준비할 때에 이미 같은 시간에 같은 우물가에 도착하게 될 한 남자가 있었다. 예수님께서는 갈릴리로 향하고 있었지만 그는 사마리아를 통해 가지 않을 수 없었다. 예루살렘 성전과 유대인에게 매우 적대적인 나라를 유대인이 지나가는 것은 관례가 아니었다. 그러나 예수님은 매우 강력한 힘에 이끌려 이 "먼 나라"를 지나게 되었다(요한복음 4:4). 드디어 그는 사마리아 우물가에 도착했다. 빵을 구입하기 위해 예수님은 자신의 제자를 가까운 도시로 보냈다. 하지만 여정으로 지친 예수님은 남아서 쉬고 계셨다. 그는 수가 우물에 앉아 계셨다. 매우 지쳐 있었지만 예수님은 기대감으로 부풀어 계셨다.

예수님은 그의 아버지께서 자신이 고난 받고 영광에 이르게 될 그 모든 일을 모세오경과 선지서, 그리고 시편에 이미 예고 하셨다는 사실을 알고 있다. 예수님 이전에 모든 자들은 예수님의 구원 사역을 고대하고 있었다. 하나님께서 족장과 선지자를 위해 선택한 아내를 먼 나라 우물가에서 드러내 보이실 때 하나의 패턴을 세우셨다는 사실을 예수님은 알고 계셨다.

갓난 아이 때 사악한 왕이 죽이려고 했으나 하나님의 백성을 속박에서 구원할 자로 선택된 모세에 대해 예수님은 알고 계셨다. 하나님은 미디안 우물가에서 모세의 아내를 드러내 보이셨다. 하나님께서 아브라함에게 이삭을 모리아 산에서 바칠 것을 요구하셨지만 사흘째 되던 날에 죽음에서 벗어나 아버지에게 돌아간 이삭에 대해 예수님은 알고 계셨다. 주님은 이삭의 아내를 하란 우물가에서 드러내 보이셨다. 이와

마찬가지로 '이스라엘'이라 불리며 새로운 민족의 아버지가 된 야곱에
대해 예수님은 알고 계셨다. 하나님은 그의 아내 라헬을 하란 우물가에
서 야곱에게 드러내 보이셨다.

예수님께서 이런 기억을 되새기자 정오가 다가왔다. 그 시각은 라헬
이 야곱과의 첫 만남을 위해 우물로 향했던 시각과 같은 시각이다. 그
리고 사실 정오가 다가오자 예수님의 마음을 사로잡은 것은 바로 우물
가에서 라헬을 만난 야곱의 이야기였다. 예수님은 라헬의 아들 요셉에
게 야곱이 준 우물에 앉아계셨다.

예수님과 야곱의 이야기가 매우 정확하게 대조되기에 예수님을 이
정오 시간에 이 우물에 오게 하신 그 어떤 섭리가 있다는 사실을 기대
하게 한다. 야곱과 같이 예수님도 자신의 아버지 집을 떠났다(요한복
음 1:14). 또한 예수님도 혈육에게 쓰라린 혐오를 받으셨다(요한복음
1:11). 예수님의 기업과 축복을 훔치기 위해 그의 민족은 그를 죽이기
까지 했다. 야곱과 같이 예수님은 자신의 축복을 나눌 아내를 찾기 위
해 먼 나라로 여정을 떠났다(요한복음 3:29). 예수님은 그 여정 동안
자신의 머리둘 곳이 없었다. 그는 들판에서 주무셨다. 그러나 어느 날
그의 열 두 제자 중 한 명이 될 한 사람이 그에게 다가왔고 예수님은 그
를 '돌'이라는 의미를 가진 게바라고 불렀다. 게바에게 주어진 믿음 위
에 참된 교회 벧엘이 세워진다. 예수님이 참된 '이스라엘인'이라고 부
른 나다나엘이라는 또 다른 제자도 예수님을 따랐다. 예수님은 나다나
엘에게 벧엘에서 야곱이 목격한 비전, 곧 천사들이 오르락내리락 하는
하늘과 땅을 잇는 위대한 계단을 보게 될 것을 약속하셨다. 부활하신
후 벧엘의 야곱 계단처럼 예수님께서는 친히 하늘과 땅을 이으신다(요
한계시록 19:11, 12, 16; 요한복음 1:51; 창세기 28:12). 예수님과

야곱의 유사성에도 불구하고 예수님은 야곱보다 위대한 숙명이 예정되어져 있다. 예수님은 참된 "이스라엘"이기 때문이다(이사야 49:3). 야곱이 이스라엘 열 두 지파를 낳은 것처럼 예수님도 그의 가르침을 받은 열 두 제자가 진정한 영적 이스라엘로 불리게 될 것을 알고 계셨다.

정오가 다가오자 예수님은 기다리셨다. 그리고 모든 천사도 큰 기대를 가지며 기다렸다. 그 날 하늘 왕궁 전체가 지켜보고 있었다. 영광의 천사들은 숨을 죽이며 어떤 여인이 나타날지 기대하고 있었다. 아버지 하나님께서 예수님의 신부를 상징하기 위해 선택한 어린 아가씨가 누구일까? 그리스도 신부의 상징이 될, 그리고 아담의 돕는 배필로서 특별히 창조된 하와처럼 예수님을 위해 특별히 창조된 그 사랑스러운 아가씨는 누구일까? 그녀는 어떻게 생겼을까? 도대체 누가 리브가의 순결함을 뛰어 넘을까? 신실함과 진리에 있어서 예수님은 야곱을 뛰어넘는 것처럼 하늘과 땅을 포함해 그 어떤 아름다움이 라헬의 아름다움과 순결함을 뛰어 넘을 수 있을까? 도대체 누가 십보라의 강함과 순결함에 견줄 수 있을까? 아버지께서 자신의 아들을 위해 선택한 그 여인은 도대체 누구일까? 정오가 다가오자 영광의 천사들은 하늘의 발코니에서 사마리아 우물가를 지켜보고 있었다. 그녀는 도대체 누구일까?

시간이 되었다. 갑자기 저 멀리 수가에서 다가오는 한 여인의 실루엣이 나타났다. 우물가에 앉아 있는 예수님을 향하여 천천히 다가오고 있었다. 예수님께서는 눈을 들어 그녀가 다가오는 것을 지켜보고 계셨다. 천천히 그녀가 다가왔다. 그러나 그녀가 가까이 오면 올수록 그녀는 아름답지 않다는 사실이 명확해졌다. 그리고 물론 그녀는 순결하지도 않았다.

예수님은 그녀에 대해 모든 것을 알고 계셨다. 그녀에게 다섯 남편이 있었다는 사실을 알고 계셨다. 지금 같이 살고 있는 남자가 남편이 아니라는 사실도 알고 계셨다. 예수님은 더 이상 그녀가 아름답지 않다는 사실도 알고 계셨다. 그러나 그 어떤 것도 그녀를 향한 예수님의 사랑을 막을 수 없었다. 예수님은 곧바로 자신의 온 마음을 그녀에게 쏟았다. 예수님은 그녀에게 매우 부드럽게 말씀하셨다. 그는 그녀에게 자신이 가까운 친척이라는 사실과 야곱 집안사람이라고 말씀하셨다. 예수님께서는 물을 달라고 말씀하셨지만 사실 그는 그녀에게 생명수를 주겠다고 말씀하셨다. 생명수를 주기 위해선 야곱과 같이 예수님은 단순한 인간이 옮길 수 없는 큰 돌을 옮겨야만 한다. 그러나 그 돌만 옮겨진다면 예수님은 영생이 주어지는 생명수를 그녀에게 줄 수 있다. 그녀가 마시고 영원히 목마르지 않을 생명수를….

예수님은 자기를 위한 신부를 나타낼 여인으로 아버지이신 하나님께서 이 사마리아 여인을 선택하셨다는 사실을 알고 있다. 그리고 예수님은 바로 그 선택으로 그녀를 사랑한다. 예수님은 자신의 사랑이 그녀 안에서 만들어 낼 아름다움 때문에 그녀를 사랑한다. 예수님은 자신의 사랑이 회복시킬 그녀의 순결함을 이미 보았다. 그리고 어떤 이유에서인지 그녀도 이 모든 것을 느낄 수 있었다. 그녀는 오늘 자신을 우물가에 오게 만든 목마름을 완전히 잊었다. 물 항아리를 남겨둔 채 그녀는 곧바로 도시로 뛰어가 모든 사람에게 드디어 그리스도가 오셨다고 외쳤다.

과거에 대한 수치심으로 가득한 그녀가 이제 담대하고 자신있게 모두를 초대하고 있다. 진정한 야곱 곧 예수님이 제공하는 풍성한 생명수를 나누자고 그녀는 모두를 초대한다.

"나의 행한 모든 일을 내게 말한 사람을 와서 보라."

그녀가 가진 과거에 대한 수치심은 이제 그녀의 고백이 되었다. "이는 그리스도가 아니냐?" 그러자 도시의 사람들은 예수님을 보고 자신들과 함께 할 것을 요청하기 위해 서둘러 우물가에 모였다.

사람들이 우물가로 떠나는 것을 보자 그녀는 예수님께 "당신이 이 우물을 준 야곱보다 더 크니이까?"라고 물었던 때를 기억했다. 예수님이 그녀의 질문에 답하지 않았기 때문이다. 그러나 그녀는 질문의 답변을 이미 알고 있었다. 그리고 모든 하늘도 알고 있었다. 곧 모든 세상도 알게 될 것이다. 야곱은 오직 사랑스러운 라헬을 사랑했다. 사랑스럽지 못한 레아는 그가 사랑하지 않았다. 그러나 예수님은 사랑스럽지 못한 사마리아 여인에게 자신의 모든 사랑을 쏟으셨다. 그리고 예수님의 사랑으로 사랑스럽지 못한 자가 다시 한 번 사랑스럽게 되었다. 마치 의에 대해 절망적으로 목말라했던 자가 영원히 흘러나오는 생명수로 곧 만족하게 되는 것처럼.

사마리아 여인은 그리스도 신부를 나타내는 적합한 모형이다. 그녀는 혼혈 인종이기 때문이다. 그녀가 "우리 조상 야곱"(요한복음 4:12)이라고 말한 이유는 부분적으로 그녀는 유대인의 자손이기 때문이다. 그러나 사마리아인은 이방인과 혼인한 사람들이다. 따라서 유대인들은 그들을 순수 혈통으로 여기지 않았다. 그러나 예수님 신부의 모형으로서 사마리아인을 선택하신 하나님의 섭리는 놀라울 수 밖에 없다. 그리스도의 신부는 모든 민족과 나라로부터 나와 이루어진 사람들이기 때문이다(갈라디아서 3:28; 골로새서 3:11). 우리의 배경이 어떠하던지

간에 또한 우리가 가진 그 어떤 편견에도 불구하고 예수님은 우리를 사랑의 마음으로 품으시고 우리를 세우신다! 이 얼마나 위대한 구원자이신가!

사마리아 여인은 정죄 받을 만한 과거와 실패를 가지고 예수님 앞에 나온다. 그녀는 수치심으로 가득한 여인이었다. 예수님께서는 그녀의 모든 과거를 알고 계셨지만 그는 그녀를 여전히 사랑하셨다. 예수님은 그녀에게 부드럽게 말씀하셨다. 이 타락한 세상 속에서 살아가는 우리는 모두 수치심을 가지고 있다. 과거 실패와 개인적 부도덕성에 대한 죄책감을 모두 가지고 있다. 그러나 예수님은 정죄하지 않으신다. 우리 모습 그대로 우리를 만나신다. 예수님께서는 우리들의 변화 될 모습을 보신다. 그는 자신의 순결함을 우리와 나누신다. 그리고 오직 예수님만이 주실 수 있는 의로움으로 우리를 회복시켜주신다. 그는 자신의 은혜를 자유롭게 기꺼이 그리고 온전히 우리에게 베푸신다. 따라서 우리는 사마리아 여인이 예수님께 던진 질문 "당신이 이 우물을 준 야곱보다 더 크니이까? "에 대한 답을 알고 있다. 야곱은 오직 사랑스럽고 순결한 자를 사랑할 수 있었다. 그러나 예수님은 사랑스럽지 못하고 불순결한 우리를 사랑하실 수 있다! 당연히 예수님의 사랑이 야곱의 사랑보다 뛰어나다!

우리 영혼의 비밀스러운 목마름 곧 깊은 갈망은 예수님께서 제공하시는 생명수로 온전히 채울 수 있다. 예수님께서는 사마리아 여인에게 물을 달라 하셨지만 예수님께서 약속하신 생명수를 그녀에게 주시기 위해선 그가 십자가에서 목마름을 참아내셔야 했다(요한복음 19:28). 예수님은 우리가 생명수를 얻게 하기 위해 죽기까지 목마름을 참으셨다. 우리를 온전히 만족케하기 위해 예수님은 우리 죄악으로 인한 진노를 받으시고 그의 의로움으로 우리를 덮으셨다. 그가 제공한 물은 우리 안에서 영생을 일으키는 우물이 된다(요한복음 4:14). 그의 물은 우리의 목마름을 채우시고 모든 불의에서 우리를 씻으시며 기쁨으로 우리를 새롭게 하며 회복시킨다. 따라서 우리도 사마리아 연인과 함께 이렇게 말할 수밖에 없다. "주여 그런 물을 내게 주시옵소서"(요한복음 4:15). 그리고 우물가의 여인과 같이 우리는 물항아리를 뒤에 남겨두고 도시로 뛰어가 생명수가 넘치는 우물로 오길 원하는 모든 자들을 초대한다!

"성령과 신부가 말씀하시기를 오라 하시는도다 듣는 자도 오라 할 것이요 목마른 자도 올 것이요 또 원하는 자는 값없이 생명수를 받으라 하시더라!" (요한계시록 22:17).

2부 아름답고 순결한 신부

산 자의 어머니 화와

왕들의 어머니 레아

의로운 모압인 룻

그리스도의 어머니 마리아

산 자의 어머니 **하와** | 창세기 2-3장

"여호와 하나님이 여자에게 이르시되 '네가 어찌하여 이렇게 하였느냐?'

여자가 이르되 '뱀이 나를 꾀므로 내가 먹었나이다.'"(창세기 3:13).

아담이 이르되 "하나님이 주셔서 나와 함께 있게 하신 여자 그가 그 나무 열매를 내게 주므로 내가 먹었나이다."

아담의 말은 충격적이었다. 그녀의 남편은 자신을 죽음에 이르는 심판에 홀로 던져두었기 때문이다. 아담은 하와를 하나님 앞에서 정죄하고 있었다. 하와는 죄책감과 수치심을 몰고 오는 정죄에 짓눌려 있었다. 이제 외로움이라는 쓰라림이 그녀를 압도하며 그녀를 더욱 절망에 빠지게 했다. 그녀는 불순종으로 하나님을 노엽게 했다. 그리고 그에 대한 대가는 죽음이라는 사실을 그녀는 알고 있었다. 가장 절망적인 순간에 그녀의 남편은 그녀를 홀로 남겨두었다. 그녀는 하나님의 합당한 분노를 홀로 감당하도록 남겨졌다.

그녀는 자신의 남편을 볼 수 없었다. 남편이 하나님 앞에서 자신을

정죄하는 동안 그녀는 조용히 서서 남편의 옆구리에 남은 상처를 쳐다
보고 있었다. 그녀는 남편이 자신의 아름다움과 순결함을 보며 기뻐했
던 때를 회상하고 있었다. 남편은 자신에게 '여자'라는 이름을 주었다.
남편의 옆구리 상처에서 취하였기 때문이다. 그녀는 남자의 완벽한 배
필이 되도록 창조되었다. 그녀는 남자의 가장 큰 기쁨이었다. 그러나
이제 그녀를 향한 남편의 모든 사랑은 죽었다. 그녀는 홀로 남았다.

　잠깐 여인은 다른 남편이라면 어떻게 했을까 상상해 보았다. 아내가
뱀에게 속았다는 사실을 이해한 남편이라면, 아내의 죄악에 참여하지
않고 하나님 앞에서 그녀를 대신해 죄악을 고백하는 남편이라면, 또는
그녀의 구원을 간청하는 남편이라면 하고 그녀는 상상했다. 그녀는 자
기를 너무 사랑해 그녀를 대신해 자신의 목숨을 내놓는 남편을 상상했
다. 하지만 현실은 그렇지 못했다. 지금 이 남편은 그렇지 못했다. 자
신을 향한 심판이 일어나는 그 때 여인은 온전히 홀로 서 있었다.

　여호와 하나님이 여자에게 이르시되

"네가 어찌하여 이렇게 하였느냐?"

　하나님의 말씀은 그녀를 두렵게 했다. 여인은 자신이 한 일을 알고
있기 때문이다. 하나님도 알고 계셨다. 이미 알고 있는 일을 왜 하나님
은 묻고 계실까? 하나님은 그녀가 금지된 과실을 이미 먹은 사실을 알
고 계신다. 그녀는 금지된 과실을 하나님께서 자신에게 주신 남자와 이
미 나눠 먹었다. 하나님은 남자가 생명을 가지고 생육하고 번성하게 하
려고 그녀를 창조하셨다. 그러나 그녀는 남편에게 생명이 아닌 죽음을
주었다.

"뱀이 나를 꾀므로 내가 먹었나이다."

사실이었다. 다른 무슨 말을 그녀가 할 수 있었겠는가? 짐승이 말할 수 있도록 하나님은 창조하지 않으셨다는 사실을 그녀는 알고 있었어야 한다. 남자와 함께 그녀는 짐승을 다스리라는 명령을 하나님으로부터 받았다. 그러나 어떻게 그녀가 악마와 이야기하고 있었다는 사실을 알 수 있었겠는가? 뱀이 그녀에게 말하길 그녀의 눈이 열릴 것이라고 했다. 사실 열리기는 했다. 그녀가 속임수였다는 사실을 깨달았을 때 그녀는 즉시 기억할 수 있었다. 눈을 통해 자신의 불순종이라는 삭막한 현실을 볼 수 있게 되자 새롭고 이상한 마음이 그녀 마음속에 들어왔다. 오직 남편과 하나님의 소중한 사랑 그리고 완벽한 순결함에서 오는 자유만 알고 있던 그녀는 이제 수치심으로 얼굴이 붉어지는 것을 느꼈다. 마치 깊은 잠에서 헤매는 것처럼 매우 지혜롭다고 생각했던 뱀의 말이 얼마나 바보 같은 말이었는지 그녀는 깨닫게 되었다.

괴로움 가운데 그녀는 눈이 열렸던 또 다른 때를 회상했다. 그녀가 가진 첫 기억이었지만 그것은 마치 얼마 전에 일어난 일처럼 매우 생생했다. 그녀는 새로운 창조물로 깨어나 에덴동산의 훌륭한 불빛에 자신의 눈을 적응시켰던 때를 기억한다. 그녀가 가진 첫 이미지는 그녀의 창조주였다. 마치 자신의 존재가 빛인 것처럼 그분은 화려함으로 빛났다. 그분은 그녀와 인격적으로 함께 계셨지만, 그와 더불어 모든 곳에서도 그분은 함께 계셨다. 그녀를 향한 빛은 측량할 수 없는 깊은 사랑으로 가득했다. 그녀는 자신이 그분의 창조물이라는 사실을 알았고 그분이 자신이 창조한 그녀에 의해 기뻐하고 계셨다는 사실을 알 수 있었다.

형언할 수 없을 만큼 아름다운 푸른 옥토에 살고 있을 때를 그녀는 기억했다. 또한, 창조주의 다양한 아름다움과 창의성을 나타내는 여러 짐승 가운데 그녀는 있었다. 그녀는 오늘과 더불어 영원히 하나님의 동산과 그의 창조물들을 즐거워하며 공부하길 원했다. 이 모든 것을 창조하신 창조주의 상상력을 매일 탐구하길 원했다.

그러나 주님께서는 그녀를 다른 곳을 바라보게 하셨다. 그녀가 바라보자 한 남자의 모습을 보게 되었다. 그 남자는 동산의 창조물들과는 다르게 아름다움과 빛으로 덮여있었다. 그녀의 눈을 뜨게 하신 창조주의 모양이 그 남자에게서 영광스럽게 표출되고 있었다. 그때 그녀는 자신도 똑같은 빛과 아름다움과 영광을 지니고 있다는 사실을 깨닫게 되었다. 그녀는 자신이 이 남자를 위해 창조되었다는 사실을 묻지도 않고 깨달을 수 있었다. 그녀는 이 남자가 사랑하는 여인이었다. 하나님께서 이 남자 마음에 심겨놓은 모든 갈망을 채울 수 있도록 그녀를 완벽하게 창조하셨기 때문이다.

하나님께서는 그녀의 손을 잡아 그 남자 손에 부드럽게 놓았다. 그녀가 남자 곁으로 다가오자 남자에게서 보였던 영광이 더욱 뚜렷해지는 것을 그녀는 놀라움으로 목격했다. 그들의 연합이었다. 그녀는 그 남자에 의해 그리고 그 남자는 그녀에 의해 온전해진 것이다. 하나님의 모양은 그들의 연합으로 완성되었다. 그 남자는 순결하며 아름다웠다. 그리고 그녀의 아름다움과 순결함은 그 남자를 더욱 보완해 주었다. 함께 그들은 놀라운 '하나'를 이루었다.

그러나 그녀는 어떻게 자신이 그 남자를 온전하게 만들 수 있는지 고민했다. 어떻게 이 남자처럼 어떤 점에서도 부족함이 없는 훌륭한 사람이 온전해지기 위해서 다른 사람이 필요하다는 말인가? 그녀가 고민하는 동안 그녀의 눈은 처음에 알아차리지 못한 것에 사로잡혔다. 무엇인가가 이상하게도 조화롭지 못했다. 완벽한 그 남자 몸에 상처가 있었다. 그 상처는 아문지 얼마 되지 않는 상처였다. 어떻게 완벽한 그의 몸에 이런 이상한 상처가 있을 수 있는지 그녀는 이해할 수 없었다. 도대체 무슨 일이 일어난 것일까? 도대체 그는 어떠한 고통을 받은 것인가?

그녀는 자신의 생각이 창조주에게 드러나 있다는 사실을 알았다. 그때 하나님은 그녀에게 이해할 수 있는 은혜를 주셨다. 하나님께서 그녀의 생각을 열어주자 그녀는 자신 때문에 그 상처가 났다는 사실을 깨닫게 되었고 그로 인해 그녀는 매우 놀랐다. 그녀가 그 남자에게 상처를 입힌 것이 아닌 그녀를 위해 그 남자가 상처를 입게 된 것이다. 창조주는 그 남자를 찔러 그 안에서 끌어낸 것을 가지고 여자의 모습을 창조하셨다. 그 날 이후로 그녀가 아담의 상처를 볼 때마다 그녀는 자신이 살기 위해 자신의 남편이 고통받았다는 사실을 기억했다. 그들이 가진 가장 완벽한 사랑이 오직 가장 깊은 상처에서부터 왔다는 사실이 얼마나 이상하고 새로운가!

이후로 그녀는 자신의 창조주와 남편으로부터 오는 변함없는 사랑을 받으며 무한한 기쁨으로 살았다. 그러나 이제 변함없는 사랑이 변하고 말았다. 마치 모든 것은 사라지고 되돌릴 수 없는 듯 했다. 그녀가 뱀에 제안에 따라 과실을 먹고 그녀의 남편도 먹게 했을 때 그녀가 누린 축복은 모두 부서지고 말았다. 어떻게 완벽한 출발을 가진 그녀가 이렇게까지 멀리 추락할 수 있을까?

하나님께서는 오직 한 나무의 열매만을 금지하시고 동산에 먹을 것들로 가득하게 하셨다. 그녀는 바로 그 나무의 열매를 훔친 것이다. 그녀는 자신을 창조한 창조주의 명령을 어기고 자신의 남편과 그 죄악을 나누었다.

다시 한 번 그들은 서로 연합했다. 하지만 이번에는 자신들이 가진 모양을 손상시켰다.

"네가 어찌하여 이렇게 하였느냐?"

하나님께서 말씀하실 때 그녀는 죄책감으로 아래만 바라보고 있었다. 그러나 놀랍게도 하나님은 그녀가 아닌 뱀에게 말씀하셨다. 하나님의 진노는 뱀을 모든 창조물보다 가장 낮은 존재로 저주하는 것으로 이어졌다. 그러나 하나님은 한 가지 이상한 말씀을 하셨다. 하나님은 뱀과 여인 특히 그녀의 '자손'이 서로 영원한 적대자가 될 것을 약속하셨다. 하나님께서 약속하신 그녀의 자손은 어느 때에 뱀의 머리를 짓밟게 되겠지만 그도 큰 상처로 고통 받게 될 것이라고 하셨다.

이런 하나님의 말씀은 무슨 의미일까? 그녀는 오늘 사형을 당하게 될 것이라고 생각했지만 하나님은 그녀가 기대해야 할 자손에 대해 말씀하셨다. 하나님의 저주 안에 어쩌면 그녀의 죄를 씻어 주시려는 하나님의 약속이 숨겨있지 않을까? 그녀를 속인 뱀과 그녀는 영원히 적대감을 가지게 될 것이며 또한 그녀의 자손은 궁극적으로 뱀을 짓밟을 것이라는 하나님의 말씀은 무슨 뜻일까?

그녀가 고민하는 동안 주님은 그녀에게 말씀하셨다. 하나님은 그녀를 저주하지 않으셨지만 그녀의 죄에 대한 큰 심판이 있을 것을 말씀하셨다. 하나님의 말씀은 괴로움이었다. 사실 괴로움에 대한 약속이었다. 하나님은 그녀와 남자에게 생육하고 번성할 것을 명령하셨다. 그녀는 창조주께서 그들에게 아이라는 축복을 언제 주실까 기대하고 있었다. 이제 하나님은 새로운 생명에 의한 기쁨은 오직 고통과 수고를 통해 올 것을 예정하셨다. 그러나 하나님은 그 날 그녀의 죽음을 요구하지 않으셨다!

이제 하나님은 아담에게 말씀하셨다. 아담에게도 저주가 주어지지 않았다. 여인은 하나님께서 자기와 남편을 축복하셨다는 사실을 기억했다. 하나님은 자신이 이미 축복해 준 그들에게 저주하시기를 원치 않으신 듯 했다. 하나님은 자신의 진노를 통해 자신의 자비를 그들에게 보여주셨다.

하나님은 남자가 만들어진 원료인 땅을 저주하셨다. 남자에게 주어진 노동이라는 하나님의 심판은 여자의 심판을 기억나게 한다. 잉태라는 기쁨의 소명이 이제 고통과 괴로움이라는 시련이 되었듯이 이 땅의 열매를 맺으라는 남자의 소명이 이제는 가시와 엉겅퀴에 의한 분투와 슬픔을 통해서만 가능해졌다. 이런 피곤한 노동은 이후에 남자를 자신이 만들어진 땅으로 먼지가 되어 돌아가게 만든다. 한때는 영원히 살도록 창조된 죄 없던 인간이 이제는 자신의 삶의 마지막을 보게 되었다. 그러나 만일 하나님이 땅의 먼지로부터 인간을 창조하셨다면 하나님은 죽음이라는 먼지에서 남자를 다시 부활시킬 수도 있지 않을까? 라고 그녀는 생각했다. 어쩌면 땅이라는 자궁에서 태어난 아담은 이후에 있을 또 다른 탄생에 대해 말하고 있지는 않을까? 첫 인간이 태어난 땅은 어쩌면 어느 날 고된 노동을 통해 새로운 탄생을 일으키기 위해 생을 마친 인간의 먼지를 받아들이고 있지는 않는가(로마서 8:20-23)?

여인은 받은 심판이 매우 혹독하지만 마땅히 받아야 하는 것보다는 적다는 사실을 알았다. 그러나 그녀를 놀라게 한 두 가지 일이 일어났다. 첫째로 남자가 그녀에게 새로운 이름을 주었다. 지금까지 그녀에게는 '여자'라는 이름만 주어졌다. 그러나 이제 아담은 '하와'라고 불렀다. 그녀는 믿을 수가 없었다. 하와? 이름은 '생명'을 담고 있었다. 그녀가 이제는 '산 자의 어미'이기 때문에 이 이름을 남자가 선택한 것이다. 이제 그녀의 눈은 다시 한 번 띄어졌다. 이제 그녀는 이해할 수 있었다. 여자는 남자를 위해 생명을 잉태하기 위해 창조되었지만 뱀의 미혹으로 그녀는 남자에게 죽음을 준 것이다. 그러나 하나님은 그녀가 남자를 위해 자손을 잉태할 수 있도록 그녀의 목숨을 살려 두셨다. 그 자손을 통해 그녀는 드디어 남자에게 생명을 줄 수 있게 되었다.

또 다른 일로 그녀는 놀라움을 감출 수 없었다. 주 하나님께서 남자와 그의 아내가 벌거벗음을 덮을 수 있도록 옷을 입히셨다. 그들은 이 일이 일어나기 전까지 벌거벗었으나 수치심이 없었다. 하나님이 가죽으로 그들을 덮으시기 위해 죄 없는 동물을 잡으실 때에 그들은 두려움으로 지켜보고 있었다. 그 날 피가 흘려졌다. 하나님께서는 그들을 대신할 대속제물을 직접 제공하셨다. 그 날 죽음이 있었다. 그러나 죽음으로 새로운 삶에 대한 소망이 도달했다.

성경은 혼인식으로 시작해 혼인식으로 끝맺는다. 창세기는 생명나무가 자라고 있는 시냇가 근처 동산에서 진행되는 혼인식으로 시작한다. 요한계시록은 생명나무가 자라고 있는 시냇가 근처 동산에서 진행되는 혼인식으로 끝맺는다. 두 혼인식은 매우 유사하다. 창세기는 지상에 있는 하나님의 아들과 그를 위해 아버지가 준비한 신부와의 혼인식을 전한다. 그리고 요한계시록은 하늘에 있는 하나님 아들과 그를 위해 아버지가 준비한 신부와의 혼인식을 미리 전해준다.

유사점은 여기서 끝이 아니다. 아담을 위한 신부 창조 사건은 신약이 "마지막 아담"(고린도전서 15:45)이라고 부르는 예수 그리스도를 위해 하나님이 준비한 신부를 나타내 보여준다. 동산에서 아담은 깊은 잠에 빠진다. 아직 죄가 없는 남자는 옆구리에 상처를 입게 된다. 하나님께서 아담의 옆구리에서 피투성이인 뼈를 취하셔서 그를 위한 신부를 창조하신다. 그 때 주 하나님은 동산에서 잠에 빠진 아담을 깨우셔서 순결하고 아름다운 신부를 그에게 보이신다. 그의 사랑을 받게 된 그녀는 남자 마음 속 모든 열정을 뒤흔들어 놓았다.

패턴이 나타나는 것을 알 수 있다. 옆구리의 상처는 혼인식으로 연결된다는 점이다. 때가 차게 될 때 아버지 하나님은 자신의 아들을 죽음이라는 잠에 빠지게 하신다. 동산에 아담과 같이 예수님은 죄가 없으신 분이지만 하나님은 그의 옆구리를 로마 창에 찔리도록 허용하신다. 예수님의 옆구리에서 물과 피가 흘러나온다. 신부값을 위한 피와 그녀를 씻기기 위한 물이 흘러나온다(요한복음 19:34). 하나님은 예수님의 상처를 치유하시고 동산에서 그를 죽음의 잠에서 깨우신다. 때가 될 때 아담과 같이 예수님에게도 순결하고 아름다운 신부가 주어지게 될 것이다(요한계시록 21:2). 그리고 그녀는 예수님 마음 속 모든 열정을 뒤흔들어 놓을 것이다. 당신이 바로 그 신부이다! 이 이야기는 당신의 이야기이다. 그리고 하와 같이 우리도 그리스도가 지니고 계신 상처를 통해 우리를 살리기 위해 남편이 고난 받으셨다는 사실을 알고 있다.

하와와 우리의 이야기의 이런 유사성이 위대하지만 여기서 끝이 아니다. 하와의 타락을 설명하기 위해 창세기 3:6에 사용된 단어들을 고려해보아라. "여자가 그 나무를 본즉 먹음직도 하고 보암직도 하고 지혜롭게 할 만큼 탐스럽기도 한 나무인지라 여자가 그 열매를 따먹고 자기와 함께 있는 남편에게도 주매 그도 먹은지라." 그녀는 가져다가 주고 그들이 먹었다. 몇 천 년 후 예수님은 십자가에 달리시기 전날 밤에 자신의 제자들과 만찬을 가지셨다. 그 분이 바로 하와와 아담의 타락에 의한 결과를 뒤집으실 여자의 자손이셨다. 마태복음은 그날의 일을 다음과 같이 전하고 있다. "그들이 먹을 때에 예수께서 떡을 가지사 축복하시고 떼어 제자들에게 주시며 이르시되 '받아서 먹으라 이것은 내 몸이니라' 하시고"(마태복음 26:26). 그가 가지사, 주시며, 그들이 먹었다. 하와의 타락을 설명하는 같은 동사들이 우리의 구원을 선포하시는 그리스도에 의해 사용되었다는 점이 단순히 우연에 불과할까? 예수님은 자신의 십자가를 예상하고 계셨다. 그 십자가는 자신에게는 죽음의 나무였지만 그의 백성들에게는 생명의 나무라는 사실이다! "네가 어찌하여 이렇게 하였느냐?"

우리 모두는 하와와 같다는 매우 가혹한 진실을 받아들여야 한다. 우리도 선하신 아버지에 의해 생명이 주어졌고 또한 우리도 창조주의 명령을 거역했고 자신의 길을 걷기 위해 반항했다. 따라서 하와의 타락은 곧 우리의 타락이다. 하와의 수치심은 바로 우리의 수치심이다. 그리고 우리는 같은 질문 앞에 놓일 수밖에 없다.

"네가 어찌하여 이렇게 하였느냐?"

하나님의 질문은 모든 성경 구절에서 메아리치며 하와의 마음에 부딪친 것처럼 우리의 마음도 친다. 당신은 어떻게 답변할 것인가? 하와 같이 우리의 출발점은 회개이다. 우리를 창조하신 하나님께서 주시는 생명을 우리가 거절했다는 사실을 우리는 솔직하게 받아들여야 한다.

우리는 뱀의 말을 경청했고 죄악과 죽음을 가져오는 거짓된 삶을 살았다. 하나님 앞에서 우리의 죄를 인정할 때 하나님께서 우리를 버리시는 것이 마땅함에도 불구하고 그렇게 하지 않으시는 하나님을 발견하게 된다. 대신 그는 하와에게 보여주신 같은 은혜를 보여주신다. 그는 우리를 죄악에 빠져 있도록 내버려두지 않으신다. 그의 정의로움은 우리를 정죄하지만 그의 사랑과 은혜는 그로 하여금 잃어버린 것을 찾아 구원케 하신다. 아담이 자신의 신부가 생명을 얻을 수 있도록 상처를 입은 것같이 예수 그리스도도 우리가 생명을 얻을 수 있도록 상처를 입으셨다. 우리의 죄값이 그의 상처로 남았다. 그가 우리의 죄를 모두 덮으신 것이다. 이사야 선지자의 예언처럼 "그가 찔림은 우리의 허물 때문이요 그가 상함은 우리의 죄악 때문이라 그가 징계를 받음으로 우리는 평화를 누리고 그가 채찍에 맞음으로 우리는 나음을 받았도다"(이사야 53:5).

가장 완벽한 사랑은 오직 가장 깊은 희생적 상처로부터 온다. 어린 양의 혼인잔치로 우리가 초대받을 수 있었던 것은 상처받고 죽음에 이르게 된 우리의 신랑 예수님의 희생을 받아들였기 때문이다. 오직 당신을 위한 하나님 아들의 희생만이 구원을 이룰 수 있기에 충분하다. 마치 죄 없는 동물들이 희생되어 동산 안에 죄인들을 덮어 준 것 같이 죄 없는 그리스도가 희생하여 자신의 신부를 의로움으로 덮어 주었다. 따라서 화와는 '산 자의 어미'라고 불릴 수 있다. 그녀의 자손이 사탄의 머리를 짓밟고 자신의 희생으로 당신에게 생명을 준 예수님이시기 때문이다.

그러나 여기에 아직 깊은 신비가 있다. 아담을 위한 신부를 창조하신 하나님의 목적이 창세기 2:18에 나타나 있다. "사람이 혼자 사는 것이 좋지 아니하니 내가 그를 위하여 돕는 배필을 지으리라.” 아담의 신부는 아담의 배필이다. 곧 그에게 적합한 짝이다. 그리스도의 신부로서 이 개념을 우리에게 적용하다면 어떨까? 만일 화와가 자기 남편의 돕는 ‘배필’이었다면 우리가 위대하고 완벽한 하나님 아들의 돕는 배필이라고 할 수 있지 않을까? 그리스도는 자기를 위한 적합하고 훌륭한 신부를 취해야 함은 당연한 사실이다. 이런 사실은 자신의 약점과 죄악으로 몸부림치는 하나님의 사람들에게 매우 큰 격려가 될 것이다. 예수님은 부적합한 신부와 혼인할 수 없다는 사실은 우리들이 온전해 질 수밖에 없다는 사실을 내포하고 있다. 우리는 그에게 적합한 신부로 새롭게 된다! 더욱 놀라운 사실은 ‘배필’이라는 히브리 단어가 ‘일치하다’라고도 번역될 수 있다는 점이다. 우리가 그리스도를 위한 적합한 신부로 새로워질 뿐만 아니라 우리는 그 분과 일치하도록 만들어 질 것이다. 우리는 예수님과 같이 만들어 진다. 성경은 이렇게 약속하고 있다.

“사랑하는 자들아 우리가 지금은 하나님의 자녀라 장래에 어떻게 될지는 아직 나타나지 아니하였으나 그가 나타나시면 우리가 그와 같을 줄을 아는 것은 그의 참 모습 그대로 볼 것이기 때문이니”(요한일서 3:2).

“우리가 그와 같을 줄 아는 것”

이 얼마나 놀라운 약속인가! 하나님께서 뱀의 증언을 거짓으로 판명하신다! 우리에게 바로 이런 놀라운 숙명이 주어졌다!

왕들의 어머니 레아 | 창세기 29:15-30:13

왕들의 어머니 레아 | 창세기 29:15-30:13

"레아가 이르되 '기쁘도다 모든 딸들이 나를 기쁜 자라 하리로다.'하고 그 이름을 아셀이라 하였더라"(창세기 30:13).

포대기에 싸인 신생아를 안으며 레아는 웃었다. 그녀의 시녀 실바가 그녀에게 둘째 아들을 안겨주었기 때문이다. 레아는 그 아이에게 '아셀'이란 이름을 주었다. 그 의미는 '축복' 또는 '기쁨'이란 의미이다. 실바가 그녀에게 첫째 아들을 안겨주었을 때 레아는 '갓'이라고 이름 지었다. 그가 '복된 삶'을 갖고 강한 아이가 되길 바라는 마음에서 레아는 그렇게 이름 지었다. 사실 실바가 두 아들을 낳기 오래 전에 레아는 네 명의 아들을 낳았다. 이후에 레아는 야곱으로부터 두 명의 아들을 더 낳기를 원했고 따라서 이스라엘 족장 중 여섯 명이 레아를 '어머니'라고 부르게 되었다.

레아는 하란에 사는 라반의 두 딸 중 장녀이다. 그녀의 모습은 작은 눈으로 아름답지 못해 괴로워하며 살아왔다. 그녀의 동생 라헬은 그녀와는 달리 아름다운 얼굴과 형체를 가지고 있었다. 두 여인이 자랄 때 마을 청년들은 오직 라헬에게만 눈길을 주었다. 레아는 그들의 주의를 끌지 못했다.

어느 날 야곱이라 불리는 멋진 청년이 하란에 도착했을 때도 상황은 같았다. 그는 즉각 라헬과 사랑에 빠졌고 야곱은 그녀의 아버지에게 혼인을 허락해 줄 것을 요청했다. 이 당시 신랑은 신부를 얻기 위해 신부 가족에게 두둑한 값을 지불했었다. 라반은 야곱과 계약을 맺었다. 야곱이 라반을 위해 칠 년 동안 일을 했을 때 라헬과의 혼인을 허락하겠다고 라반은 약속했다. 야곱은 레아의 동생에게 푹 빠져있었기 때문에 일방적인 조건에 동의했다.

칠 년이 지나고 라헬의 혼인날이 다가 왔다. 이런 긴 시간이 지났지만 그 어느 누구도 레아에게 청혼하지 않았다. 레아가 첫째였음에도 불구하고 그녀의 동생이 먼저 혼인하게 되었다. 레아는 그녀의 아버지와 함께 집에 남겨지게 될 것이다. 그러나 자기 동생 혼인 날 자신이 얼마나 큰 상처와 수치를 받게 될지 그녀는 상상하지도 못했다.

드디어 야곱은 칠 년이라는 세월의 일을 마치고 라헬과의 혼인을 허락해 줄 것을 다시 요청했다. 라반은 혼인식을 위해 성대한 잔치를 준비했다. 그러나 혼인식 날 저녁 많은 손님이 술을 마시며 축하할 때에 라반은 레아에게 다가와 자신의 계획을 이야기 해주었다. 라반은 혼인 후 첫날밤에 라헬을 대신 해 그녀가 방에 들어갈 것이라고 말해 주었다. 어떻게 아버지가 그의 딸을 이렇게까지 창피하게 만들 수 있을까? 라반은 레아에게 야곱이 알아차리지 못하도록 면사포로 가리고 어두운 장막에 누워 있으라고 말했다. 라반에게 있어서 레아는 단순히 야곱을 속여 더 많은 일을 시킬 수 있도록 하는데 사용할 수단에 불과했다. 레아는 자신의 동생으로 착각하고 있는 한 남자에게 자신의 순결을 바칠 것을 요구당하고 있다. 야곱과 자신의 동생 앞에서 받게 될 창피는 불구하고 아버지로부터 오는 비하와 학대를 어떻게 그녀가 감당할 수 있다는 말인가?

혼인식 다음 날 아침에 일어난 일은 최악이었다. 다음 날 아침 라헬이 아닌 레아와 동침했다는 사실을 야곱이 발견했을 때 그는 분노했다. 야곱은 그 자리에서 레아를 거부했다. 야곱은 레아가 자신을 속이는 일에 관여했다고 생각했다. 자신은 오직 라헬만을 사랑하고 레아는 경멸한다는 사실을 야곱은 명확히 했다. 라반은 야곱에게 라헬도 가질 수 있다고 약속했다. 그 대가로 레아와 칠 일 동안의 신혼 기간을 가진 후 칠 년 더 자신을 위해 일할 것을 권했다. 이 기간을 다 마칠 때 야곱은 자신이 정말로 사랑하는 여자를 가질 수 있게 된다. "칠 일을 채우라." 레아는 자신의 아버지가 말하는 것을 들었다. 자신을 꺼려하는 남편과 칠 일을 지내야 할 뿐만 아니라 레아는 자신의 남편이 동생 라헬을 둘째 부인으로 맞이하는 혼인날 밤도 견뎌내야 한다.

밤은 외로움과 수치심으로 가득한 밤이다. 야곱이 라헬을 매우 사랑했기에 마치 야곱이 레아를 혐오한 것처럼 보인다. 그녀의 아버지는 딸을 마치 재산으로 생각하며 야곱의 노동력을 긴 기간 동안 얻어내기 위해서만 사용하길 원했다. 레아가 야곱의 사랑을 받지 못한 것은 그를 속였기 때문이다. 레아는 수치심과 아픔 그리고 거절로 가득한 수 년을 괴로워하며 보냈다. 레아의 불행에 대해 쑥덕이는 동네 여인들을 목격할 때 레아는 차라리 장님이길 원했다. 야곱이 사랑하고 원했던 신부는 라헬이었다. 야곱은 의무감으로 레아에게 눈길을 주었을 뿐이다. 모두가 알고 있었고 특히 레아도 이 사실을 알고 있었다.

하지만 예기치 못한 일이 일어났다. 레아가 임신을 하게 된 것이다. 레아는 야곱의 아들을 여러 번 낳게 되었다. 첫째는 르우벤이다. 야곱은 자신의 첫째 아들에 이름도 짓지 않을 만큼 무관심했지만 레아는 주님께서 자신을 불쌍히 여기셨다는 사실을 알고 있었다. 그녀는 자신의 첫째 아들을 "보아라! 아들이다!"라는 의미인 '르우벤'이라 이름 지었다. 그녀는 주님께서 자신의 괴로움을 보셨다고 확신했다. 레아는 혹시나 이제 남편이 자신을 사랑해 줄지도 모른다는 소망을 가지게 되었다.

곧 둘째 아들이 레아에게서 태어났다. 둘째 이름에 대해서도 야곱은 무관심했다. 그래서 레아는 "들었다."라는 의미인 '시므온'으로 이름 지었다. 주님께서 그녀가 사랑 받지 못함을 보셨고 또한 그녀의 울부짖음을 들으셨기 때문이다.

셋째가 태어났다. 레아는 "함께 연합한다."라는 의미인 '레위'라고 불렀다. 이제는 남편이 세 명의 아들을 낳은 자신과 사랑으로 함께 연합할 수 있을 것이라는 기대에서 셋째를 '레위'로 이름 지었다. 그러나 그런 기대는 헛된 희망에 불과했다. 레아는 아직도 야곱의 사랑을 받지 못했다. 따라서 넷째가 태어날 때 레아는 자신을 다산으로 축복해주신 주님의 사랑 안에서 자신을 위로했다. 자신의 남편으로부터 레아는 사랑을 받지 못했지만 그녀의 태를 열어주심으로 하나님께서는 자신의 사랑을 그녀에게 보이셨다. 레아는 드디어 자신의 모든 기쁨을 하나님 안에서 찾을 수 있게 되었다. 그리고 그녀는 자신의 넷째 아들을 "여호와를 찬송하리로다."라는 의미로 '유다'라 이름 지었다.

이후 레아는 두 명의 아들을 더 낳았다. 다섯째를 '보상'이란 의미인 '잇사갈'이라 이름 지었다. 레아가 시녀를 야곱에게 주었기 때문에 하나님께서 보상해 주셨다고 레아는 고백했다. 여섯째가 태어나자 레아는 '존중'이란 의미인 '스불론'이라 불렀다. 이제는 남편이 여섯 명의 아들을 낳아 준 자신을 어쩌면 존중해 줄 것이란 마음에서 '스불론'으로 이름 지었다. 여섯째였다!

이후 레아의 이야기는 어떻게 펼쳐지는가? 레아가 간절히 바랐던 그것은 그녀가 죽은 이후에 주어진다. 레아가 죽은 이후에 야곱은 라헬이 아닌 레아를 선택한다. 야곱이 자기 장례에 대해 요셉에게 말할 때 자신을 마므레 앞 막벨라 밭에 있는 굴에 묻어 달라고 한다. 이곳이 바로 레아가 묻힌 곳이다. 야곱은 죽은 후에 레아와 눕길 원했다(창세기 49:31).

아브라함의 후손 중 여덟 명의 족장이 남편의 사랑을 받기 위해 울부짖는 여인의 마음을 기억한다. 여인이 고통 가운데 아이를 낳을 것이라고 하나님께서 말씀하셨다. 레아는 아이 낳는 고통과 더불어 남편으로부터 사랑받지 못해 찢어지는 마음도 안다. 그러나 레아가 견딘 여러 세월에도 불구하고 하나님께서는 그녀에게 많은 아들들의 어머니가 되는 축복으로 사랑을 보여주셨다. 하나님은 그녀의 고통을 큰 기쁨으로 보상하셨다.

레아의 이야기는 주 하나님에 대해 많은 것을 우리에게 가르친다. 야곱은 레아를 사랑하지 않았지만 주님은 그녀를 사랑하셨다. 레아가 사랑받지 못함을 보시고 주님은 그녀의 태를 열어 주셨다(창세기 29:31). 레아는 아버지에게 학대를 받고 남편에게 멸시를 당했지만 하나님은 그녀를 사랑하셨다. 하나님은 그녀에게 많은 열매를 허락하셨을 뿐만 아니라 그녀의 아들을 통해 사랑하는 예수님을 보내셨다.

우리는 레아와 다르지 않다. 아름다움을 망친 작은 눈으로 그녀는 사랑 받지 못했다. 우리의 아름다움도 죄로 인해 손상됐다. 그녀의 아름답지 못함으로 야곱은 레아를 사랑할 수 없었다. 그러나 우리의 신랑은 우리를 사랑하신다. 야곱과는 달리 그의 사랑은 아름답지 못한 것을 아름답게 변화시킬 수 있다. 그의 사랑은 더러움을 순결로 변화시킬 수 있다. 주님은 레아와 같이 우리에게 많은 열매를 허락하셨고 주님을 찬양하도록 가르치신다. 그녀와 같이 우리도 고통 가운데서 하나님을 찬양할 때 얻는 기쁨으로 만족감을 얻는다.

레아의 삶을 통해 하나님께서 우리의 고통을 목격하신다는 사실을 알 수 있다. 그는 우리의 아픔을 아시며(창세기 29:31) 우리를 고통 속에서 위로하시기 위해 개입하신다(출애굽기 3:7-8). 하나님은 자기 백성인 이스라엘을 레아가 견딘 수치심과 고통을 통해 세우셨다. 하나님께서는 레아를 상상할 수 없을 만큼 축복하셨다. 이후 세대가 새 신부를 축복할 때 언급하는 이름의 주인공으로 레아가 언급될 만큼 축복하셨다(룻기 4:11). 그녀의 넷째 아들인 유다는 이스라엘의 홀이 주어졌고 왕족의 아버지가 되었다. 유다를 통해 다윗 왕과 이스라엘의 모든 왕족이 나오게 된다. 또한 여자의 후손으로 약속된 주 예수 그리스도가 바로 레아의 아들인 유다를 통해 나타나신다.

아셀이 태어난 후 레아는 "모든 딸들이 나를 기쁜 자라 하리로다!"라고 고백한다(창세기 30:13). 바로 같은 고백이 예수 그리스도가 태어나실 때 적용된다. 레아가 죽고 난 후 나사렛 마리아가 고통 가운데 레아를 기억하며 다음과 같이 말한다. "보라 이제 후로는 만세에 나를 복이 있다 일컬으리로다!"(누가복음 1:48).

삶이 고통으로 가득하지만 하나님께서는 우리를 위로 하신다. 하나님께서는 우리에게 복음을 통한 수많은 신앙의 아들딸들을 주시겠다는

약속을 하셨다. 신랑되신 예수님께서는 우리가 죽음을 이길 수 있도록
우리 무덤에 누우셨다. 그리고 때가 찰 때 그는 우리와 영원히 함께하
시기 위해 우리를 일으키시며 영원히 기뻐할 아름다움으로 채우실 것
이다!

의로운 모압 사람 **룻** | 룻기 1-4장; 창세기 19장 30-37

"룻이 땅에 엎드려 절하며 그에게 이르되 나는 이방 여인이어늘 당신이 어찌하여 내게 은혜를 베푸시며 나를 돌아보시나이까"(룻기 2:10).

나오미는 창문가에 서서 그녀의 며느리가 돌아올 때를 기다리고 있었다. 그녀는 이 일로 인하여 자신의 며느리가 얼마나 곤란해할지 잘 알고 있다. 보아스는 나오미 옛 남편의 친척이다. 그리고 최근에 과부가 된 며느리 룻을 구해 줄 수 있는 친척이기도 하다. 보아스는 룻과 나오미를 측은히 여겼고 나오미는 룻에게 보아스와 혼인할 것을 제안했다. 그러나 룻은 모압 사람이다. 곧 아브라함의 조카 롯(Lot)이 자신의 친딸과 행한 불법적인 성관계로 태어난 사람의 후손이다. 롯(Lot)의 두 딸은 자신의 아버지과 관계를 가지기 위해 그를 술에 취하게 만들었다. 이런 근친상간으로 태어난 두 아들 중 모압은 룻(Ruth)이 속한 민족의 조상이다. 모압은 그들의 비윤리적 행동과 우상숭배로 악명이 높았다.

따라서 어떻게 해야 나오미는 룻이 언약의 딸이라는 사실을 보아스에게 증명할 수 있을까? 남자들이 타작마당에서 최근의 풍년을 축하할 것을 안 나오미는 룻에게 밤에 타작마당에 갈 것을 요청했다. 룻은 보아스와 그의 사람들이 술을 다 마실 때까지 기다려야 했다. 그리고 그녀는 보아스가 누워있는 곳을 알아 두었다가 그가 잠들었을 때 비밀스럽게 다가가야 했다. 나오미는 룻이 보아스 옆이 아니라 발 아래 누울 것을 당부했다. 룻은 보아스가 한밤 중에 찬기로 깨어날 수 있도록 그의 발을 드러내야 한다. 그리고 보아스가 깨어날 때 룻은 레위기 법에 명시 된 '기업 무를 자'에 근거한 언약적 혼인을 요청해야 한다. 나오미는 자신이 룻을 룻의 딸과 같은 상황에 처하게 한다는 사실을 알았다. 룻이 쉽게 보아스를 겁탈할 수 있는 상황이다. 그러나 나오미는 룻이 그녀의 조상과 같이 부도덕적으로 행동하지 않을 것이라는 사실 또한 알고 있었다. 룻은 비록 모압에서 태어났지만 믿음으로 아브라함의 딸이라는 사실을 보아스에게 보여주려는 나오미만의 방식이었다. 그렇다고 해서 나오미의 계획이 위험하지 않다는 것 또한 아니다. 만일 그 날밤 어느 누가 룻을 알아본다면 그녀의 명성은 영원히 사라져 버리게 된다(룻기 3:14).

따라서 나오미는 새벽에 근심하며 기다렸다. 드디어 나오미는 집을 향해 다가오는 젊은 여인의 실루엣을 볼 수 있었다. 새벽 이른 빛 가운데 나타난 그림자는 마치 임신한 여인의 그림자 같았다. '룻의 그림자일 수 없어,' 나오미는 생각했다. 그러나 젊은 여인이 다가오자 나오미는 그녀가 룻이라는 것을 확신했다. 룻은 자신의 앞치마에 무엇을 담아 오고 있었다. 룻이 집에 들어오자 그녀는 흥분을 감추지 못하며 나오미에게 전했다. 룻을 구원해 줄 의무를 받아들이기로 보아스가 약속했다고 전했다. 그리고 그녀는 자신의 앞치마를 열어 자신이 가지고 온 것을 시어머니에게 보여주었다. 그것은 보아스가 그녀에게 준 매우 많은 양의 곡식이었다. 나오미는 주님께 감사를 드렸다. 과거 그녀의 모든 괴로움이 기쁨으로 변화되었다. 나오미는 주님께서 룻에게 보아스의 자녀를 허락하셨다는 사실을 알았다. 하나님께서는 나오미와 그녀의 며느리를 보존하실 것이다. "주님의 인도하심이 얼마나 놀라운가!" 나오미는 경이로워했다. 아브라함의 아들 보아스와 모압의 딸 룻의 혼인은 먼 옛적부터 시작된 아브라함과 롯을 나눠지게 한 싸움에 화해를 가져오게 되었다. 그리고 당연히 하나님은 나오미의 며느리를 통해 더욱 위대한 구원을 가져올 것이다.

보아스가 건네 준 풍성한 곡식을 보며 룻은 자신이 보아스의 밭에서 우연히 이삭줍기를 했던 때를 생각했다. 그녀는 이른 아침부터 그 밭에서 일을 했다. 추수꾼에 의해 얼마 남지 않은, 밭 가장자리에 있는 줄기에서 이삭을 줍고 있었다. 그녀의 팔은 극심한 노동으로 지쳐있었다. 그녀의 허리는 늦은 봄 태양 아래에서 오랜 시간 동안 굽은 자세로 일한 탓에 통증이 일어나기 시작했다. 그녀는 잠시 일을 멈추고 근육을 풀며 생각했다. 나 같이 가난한 이방 사람에게 이삭줍기를 허용하여 먹을 것을 제공하게 하신 하나님의 율법이 얼마나 은혜로운지 그녀는 생각했다. 그녀는 주님의 율법에 대해 자신의 죽은 남편 말론을 통해 배웠다. 룻의 나라에는 과부나 이방 사람을 위한 이와 같은 법이 없었기 때문에 이런 주님의 은혜와 부드러움은 매우 충격적이었다. 룻은 이제 과부이면서 이방인이다. 룻은 자신의 남편과 10년을 살았다. 결혼 생활 동안 자녀가 생기지 않았기 때문에 그녀는 자신이 불임이라고 생각했다. 그러나 이제 불임은 문제가 되지 않았다. 그녀는 단지 이방인이 아니었다. 그녀는 모압 사람이었고 이스라엘 남자라면 그녀를 거들떠

보지도 않을 것이기 때문이다. 그래서 그녀는 자신의 위로를 주님과 그의 신실한 사랑에서 찾았다.

몇 년 전 나오미와 그녀의 남편은 이스라엘의 흉년을 피해 모압으로 떠났다. 그러나 남편과 모든 아들을 잃어버리자 나오미는 이스라엘로 돌아오기로 결심했다. 그녀는 룻에게 친정인 모압으로 돌아갈 것을 촉구했다. 챙겨 줄 아들도 없는 슬퍼하는 과부인 룻이나 나오미에게는 작은 희망도 없었기 때문이다. 그러나 룻은 자신의 시어머니와 그녀가 믿은 하나님을 매우 사랑했기에 나오미와 함께 남고 싶었다. 따라서 룻은 시어머니와 필히 같이 가겠다고 고집을 부렸다.

그들은 나오미가 오래 전 떠난 베들레헴이란 동네로 가기 위해 긴 여정을 시작했다. 그들의 도착으로 동네는 소란스러워졌다. 어떻게 모압 사람이 베들레헴에! 모든 이스라엘 사람은 그냥 지나치기에 모압 사람에 대해 너무 잘 알고 있었다. 이스라엘 백성이 이집트에서 빠져나왔을 때 모압 왕이 이스라엘을 저주하기 위해 선지자를 고용했던 사실을 모든 이스라엘 사람은 알고 있었다. 모압 여자들이 이스라엘 백성을 바알브올에서 어떻게 유혹했는지 모두 기억하고 있었다. 모압의 우상 그모스가 모압 사람들에게 잔혹한 아이제사를 원했다는 사실 또한 모두 기억하고 있었다. 또한 모압이라는 그들의 이름조차도 아브라함의 조카 롯의 술 취함과 근친상간으로 얻어진 이름이란 사실을 나타내고 있었다. 이 모든 것이 이미 모세의 율법 책에 적혀 있었다. 이스라엘 백성에게 모압은 수치스러운 이름이었다.

그런데 모압 사람 이방인이 자신들의 밭을 둘러보고 있다. 나오미는 둘러보고 있는 룻과 함께 밭에서 일하기는 너무 늙었다. 그러나 룻은 아직 힘이 있었다. 그리고 그녀는 자신과 자신의 시어머니 모두를 위해 일하기 원했다. 룻은 밭에 나가 추수꾼 뒤에 서서 둘러보았다. 함께 밭을 둘러보던 대부분의 여인들은 룻에게 친절했지만, 수근거림은 무시할 수 없었다. 그들은 나오미를 향한 그녀의 사랑을 높이 샀다. 또한 모압 여자가 나오미의 하나님을 자신의 하나님으로 받아들였다는 사실이 그들을 놀라게 했다.

룻은 자신의 눈썹에 흐른 땀을 닦으며 계속 일했다. 추수꾼이 넘어간 곳을 지나며 곡식을 주었다. 그녀는 자신과 시어머니에게 오늘 저녁 음식을 제공해 주신 하나님 율법에 감사드렸다. 나오미에게는 룻밖에 없었다. 룻은 남편과 아들을 잃었지만 그녀는 친절하며 하나님을 믿고 따르는 여인이었다. 이제 룻은 남편과 아들을 더 이상 가질 수 없는 환경에 살고 있다. 그 어느 누가 그녀는 거들떠보기라도 하겠는가?

룻은 조용히 계속해서 일했다. 땅에 떨어진 더 많은 곡식을 줍기 위해 계속해서 몸을 굽혔다. 생각에 잠겨있는 그녀를 놀라게 한 것은 동료 추수꾼에게 던진 한 남자의 인사말 소리였다.

"여호와께서 너희와 함께 계시길 원하노라!" 그는 외쳤다. 그러자 주위에 있는 일꾼들이 답했다. "여호와께서 당신에게 복 주시기를 원하나이다!"

룻은 자신과 함께 일하고 있는 젊은 여인에게 저 남자가 누구인지 물었다. 그의 이름은 보아스이고 이 밭의 주인이란 사실을 알려주었다. 룻은 다시 자신의 일을 하기 시작했지만 얼마 후 그녀는 발자국 소리를 듣게 되었다. 룻은 보아스가 자신을 향해 걸어오는 것을 목격하게 되었다. 룻은 일어나 긴장하며 그에게 인사할 준비를 했다. 이삭줍기를 허용해 준 일에 대한 감사를 어떻게 적절하게 표할지 생각했다. 그러나 보아스가 먼저 말했다.

"내 딸아 들으라 이삭을 주우러 다른 밭으로 가지 말며 여기서 떠나지 말고 나의 소녀들과 함께 있으라. 그들의 베는 밭을 보고 그들을 따르라. 내가 그 소년들에게 명하여 너를 건드리지 말라 하였느니라. 목이 마르거든 그릇에 가서 소년들의 길어 온 것을 마실지니라."

룻은 자신이 들은 말을 믿을 수가 없었다. 남자의 친절함에 압도되어 그녀는 곧바로 땅에 엎드려 절했다. 그리고 다음과 같이 고백했다. "나는 이방 여인이어늘 당신이 어찌하여 내게 은혜를 베푸시며 나를 돌아보시나이까?"

그 남자의 답변은 그녀를 더욱 놀라게 했다. "네 남편이 죽은 후로 네가 시모에게 행한 모든 것과 네 부모와 고국을 떠나 전에 알지 못하던 백성에게로 온 일이 내게 분명히 들렸느니라. 여호와께서 네 행한 일을 보응하시기를 원하며 이스라엘의 하나님 여호와께서 그 날개 아래 보호를 받으러 온 네게 온전한 상 주시기를 원하노라."

보아스의 말은 남편을 잃은 후부터 알지 못했던 평안을 룻의 마음속에 심어 주었다. "내 주여 내가 당신께 은혜 입기를 원하나이다. 나는 당신의 시녀의 하나와 같이 못하오나 당신이 이 시녀를 위로 하시고 마음을 기쁘게 하는 말씀을 하셨나이다." 라고 룻은 고백했다. 보아스는 인사하며 자신의 길을 걸어갔고 룻은 이삭줍기로 돌아갔다. 룻은 감사한 마음이 가득한 가운데 이렇게 생각했다.

"하나님께서 나와 함께 하시는구나."

정오가 되자 추수꾼은 쉬며 식사를 했다. 하나님의 사람들과 같이 앉을 만한 위치가 아닌 것을 알고 룻은 따로 떨어져 앉아 식사했다. 그녀가 식사하는 동안 또 다시 보아스의 목소리를 듣게 되었다. 이번에는 그가 그녀를 불렀다! "이리로 와서 함께 먹자!" 룻은 주저하며 일어나 추수꾼들을 향하여 갔다. 그녀는 그들과 함께 배불리 먹고 자신의 시어머니의 저녁식사를 위해 남겼다.

점심 식사 후 룻은 일을 하기 위해 밭으로 돌아갔지만 이번에는 달랐다. 더욱 쉽게 주울 수 있었다. 그 날 아침부터 룻은 하나님 율법에 따라 추수꾼들이 흘린 보리를 주웠다. 그러나 이제는 마치 그녀를 위한 듯 일부러 잘린 채 남겨진 이삭들을 발견하게 되었다. "이상하다."라고 그녀는 생각했다. 그때 옆에 있던 젊은 여인이 알려주었다. "이 밭 주인이 당신을 좋게 보셨어요. 당신이 식사를 마치고 일로 돌아갈 때 주인이 그의 종들에게 '곡식 단에서 이삭을 조금씩 뽑아 버려서 룻이 줍게 하라'는 명령을 내가 들었어요."

"이방인을 향한 하나님 사람들의 친절이 대단하다!"라고 룻은 생각했다. "그들의 사랑은 율법의 기준을 넘어서는구나!" 룻은 자신이 그날 받은 친절에 놀라며 계속해서 이삭을 주웠다. 그녀는 저녁이 되자 일을 멈추었다. 룻이 나오미에게 돌아갈 때 보니 한 에바쯤 되는 보리를 가지고 있었다. 하루 만에 주울 수 있는 분량보다 더욱 풍성한 분량이었다.

"룻아, 하나님께서 오늘 너에게 복을 주셨구나!"라고 나오미는 말하며 "오늘 어느 밭에서 일했는가? 이 정도로 친절을 베풀 정도로 그 누군가가 너를 알아보았는가?"라고 물었다.

"그의 이름은 보아스입니다."라고 룻은 답변했다. 그러자 나오미는 놀라며 손을 하늘을 향해 들었다. "여호와의 복이 그에게 있기를 원하노라! 룻아, 그 사람이 우리의 가까운 친척이다. 하나님께서 오늘 너를 인도하신 것이 확실하구나!"

추수 때가 끝날 때까지 룻은 보아스의 인도에 따라 그의 밭에서 젊은 여인과 함께 이삭줍기를 했다. 자 이제, 전날 밤 타작마당에서 룻이 보아스가 자신에게 준 곡식을 보고 있을 때 그녀는 소망을 다시 찾게 한 하나님의 섭리에 놀라움을 감추지 못했다. 불임이며 모압 여자인 자신이 이스라엘에서 어머니가 그리고 아내가 될 것이라는 약속이 주어졌다.

나오미를 향한 룻의 사랑과 하나님 앞에서 보여준 그녀의 겸손함은 이스라엘 하나님을 향한 그녀의 진정한 신앙을 증명해 보여 준다. 계속해서 룻은 보아스의 밭에서 떨어진 이삭을 줍기 위해 굽히는 일을 했다. 봄에는 보리를 그리고 여름에는 밀을 주웠다. 가난하고 모든 것을 잃어버린 자신을 어느 누가 거들떠본다는 사실은 룻은 상상할 수 없었다. 그녀의 뿌리는 반역적이며 우상을 섬기는 민족이었다. 그녀는 이방인이었고 궁핍한 처지에 처한 여인이었다. 그녀는 자식이 없는 과부였고 오직 나이 든 시어머니를 모시고 있었다. 보아스가 룻에게 친절히 대하며 그녀의 음식을 챙겨줄 때 어쩌면 룻은 자신의 이런 처지로 인하여 당황했을 지도 모른다.

그러나 보아스는 단지 룻에게 음식을 챙겨주는 것만이 아니었다. 우리가 성경에서 알 수 있듯이 보아스는 나오미 가족의 친인척이며 '기업을 무를 자'였다. 그 당시 문화에 의하면 가장 가까운 친척에게 가족의 이름을 유지시킬 의무가 있었다. 따라서 '기업을 무를 자'는 고인이 된 친인척의 아내, 과부와 혼인을 해야 한다.

신앙심은 가난한 모압 과부와 같이 예상 밖의 장소에서도 발견 될 수 있다는 사실을 보아스는 매우 잘 알고 있었다. 자신의 어머니가 여리고에 살던 가나안 여인 라합(마태복음 1:5)이었기 때문이다. 라합은 하나님의 사람에 의해 죽음에서 구출되어 그들과 하나가 된 이방 창녀였다. 그리스도의 통로가 된 보아스의 어머니는 성경에 영원히 기념될 만한 신앙을 가지고 있었다(히브리서 11:31).

룻을 향한 보아스의 표현은 신앙의 아버지인 아브라함과 같은 신앙이 그녀에게서 이미 발견되었다는 사실을 내포하고 있다. 아브라함과 같이 룻도 그녀의 민족과 땅을 떠나 이방 땅에 오게 되었다. 또한 우리도 그런 신앙을 가져야 한다. 그리스도는 자신을 따르라고 우리를 불렀고 이방 땅에서 이방인으로 살 것을 요청하신다(히브리서 11:9). 우리는 그리스도를 혈육보다 더욱 사랑할 것을 요청 받는다(마태복음 10:37; 누가복음 14:26).

따라서 룻의 이야기는 마치 우리의 이야기와 같다. 룻과 같이 우리도 하나님 언약과 하나님 백성에 있어서는 이방인이며 가난하고 버림받은 자이다(에베소서 2:12). 하나님에게 드릴 것이라고는 불임과 가난밖에 없는 자들이다. 우리 중 매우 많은 자들이 모압 여인 룻과 같이 극악무도한 죄악으로 인한 상처가 있는 집안 출신이다. 룻이 보아스에게 던진 질문이 바로 우리가 구원자에게 던지는 질문이다. "어떻게 내가 당신에게서 은혜를 입게 되었습니까?" 룻과 같이 우리에게서 그 어떤 의로움은 찾을 수가 없다. 우리에게는 의로운 조상도 없을 뿐더러 그리스도의 구속적 사랑을 받을만한 그 어떤 것도 없기 때문이다.

룻이 우리의 모형인 것처럼, 보아스는 그리스도의 모형이다. 보아스는 룻이 이스라엘의 하나님의 축복을 받기를 기도했다. "이스라엘의 하나님 여호와께서 그 날개 아래 보호를 받으러 온 네게 온전한 상 주시기를 원하노라"(룻기 2:12).

이후, 룻이 자신을 구원해 줄 것을 보아스에게 물을 때 룻은 바로 같은 표현을 사용한다. 그녀가 보아스 발 아래 누워있을 때 그녀는 다음과 같이 보아스에게 구한다. "당신의 옷자락으로 시녀를 덮으소서"(룻기 3:9). 룻이 언급한 '옷자락'이란 히브리 단어는 보아스가 주님의 '날개'로 표현한 단어와 같다. 타작마당에서 룻은 하나님과 같이 보아스가 날개를 펴 자신을 보호해 줄 것을 요청하고 있다는 사실이다. 보아스는 자신의 날개 아래 우리를 보호하시겠다는 약속을 하시는 하나님을 나타낸다(시편 17:8; 91:4). 보아스는 룻에게 단순한 신체적 욕구를 넘어서는 도움을 주었기 때문이다. 또한 룻이 버림받은 백성이라는 사실을 보아스는 알고 있었지만 그녀를 구원해 주었기 때문이다. 보아스와 같이 예수님도 단순히 우리를 챙겨주시는 분일뿐만 아니라 우리의 구원자로서 그리고 마지막 때에 우리의 신랑으로서 함께 할 것을 약속하셨다.

베들레헴 보아스의 밭에서 이삭줍기를 하며 룻은 상상도 못했다. 보아스가 자신을 주목할 것에 대한 것 뿐만 아니라, 하늘에 계신 하나님께서 그녀를 위해 준비한 영광스러운 계획도 그녀는 상상할 수 없었다. 예수 그리스도로 향하는 혈통인 다윗 왕의 아버지 이새, 그리고 그의 아버지이며 보아스의 아들인 오벳을 낳은 여인은 베들레헴에서 겸손히 이삭줍기를 하던 불임여인 룻이었다. 버림받은 자가 받아들여진 곳, 룻이 일하던 바로 그 밭은 보아스보다 위대한 베들레헴의 구원자 탄생을 목자들에게 알리는 천사의 찬양을 듣게 될 것이다! 이 얼마나 위대한 구원의 이야기인가! 겸손히 베들레헴 밭에서 이삭줍던 룻은 하늘에 의해 세상의 소망으로, 예수님의 조상 중 한 명으로 예정되어졌다는 사실이다!

그리스도의 어머니 **마리아** | 누가복음 1:26–56; 사도행전 1:8, 14; 2:1–4

"들어가 그들이 유하는 다락방으로 올라가니 베드로, 요한, 야고보, 안드레와 빌립, 도마와 바돌로매, 마태와 알패오의 아들 야고보, 셀롯인 시몬, 야고보의 아들 유다가 다 거기 있어 여자들과 예수의 어머니 마리아와 예수의 아우들과 더불어 마음을 같이하여 오로지 기도에 힘쓰더라"(사도행전 1:13–14).

다락방에 모인 당황한 제자들 가운데 마리아는 조용히 앉아있었다. 주 예수님께서 알려주신 대로 그들은 예루살렘에서 기다리고 있었지만 어떤 일이 일어날지는 전혀 알지 못했다. 예수님께서는 하늘로 승천하시기 전 다음과 같이 제자들에게 약속하셨다. "너희는 위로부터 능력으로 입혀질 것이다"(누가복음 24:49). 그리고 "너희는 몇 날이 못 되어 성령으로 세례를 받으리라"(사도행전 1:5, 8). 마리아는 이 말이 도대체 무슨 뜻인지 스스로 생각하고 있었다. 그녀는 이와 같은 말을 이전에 들은 적이 있다. 수 년 전 천사 가브리엘이 찾아와 그녀에게 이렇게 말했다. "성령이 네게 임하시고 지극히 높으신 이의 능력이 너를 덮으시리니"(누가복음 1:35), 그녀가 주 예수님을 임신하게 될 것이다. 마리아가 예수님을 실제적으로 임신한 것과 같이 모든 사람 마음 속에 영적으로 임신하게 된다는 말인가(에베소서 3:14-19; 골로새서 1:27)? 예수님께서 새로운 신앙인들 마음에 임하시기 위해 제자들에게 해산의 고통을 가지라고 하시는 말인가(갈라디아서 4:19)?

마리아가 방을 둘러보자 주위 사람과 열정적으로 이야기를 나누고 있는 사랑 받는 제자 요한이 보였다. 십자가에서 자신의 어머니를 향한 예수님의 마지막 말씀은 자신이 죽은 후 그녀를 걱정해 하신 말씀이다. 예수님은 요한을 마리아의 아들로 그리고 그녀를 요한의 어머니로 맡기셨다(요한복음 19:26-27). 그 순간 이후로 요한은 아들로서 마리아를 대했다. 또한 마리아도 요한을 친아들과 같이 사랑했다. 예수님은 그들을 위해 새로운 가족 관계를 형성하셨다. 인간의 혈육보다 더욱 뛰어난 보혈의 끈으로 관계를 묶으셨다. 마리아는 예수님께서 하신 일들을 돌아보았다. 그의 마지막 순종은 하나님의 계명, "네 부모를 공경하라 그리하면 네 하나님 여호와가 네게 준 땅에서 네 생명이 길리라"(출애굽기 20:12)라는 말씀을 지키기 위함이었다. 하나님께서 계명에 대한 예수님의 순종을 기억하여 예수님의 날들을 부활을 통해 연장시키셨다는 사실을 마리아는 이제 이해할 수 있었다. 예수님은 부활을 통하여 모든 관계를 새롭게 창조하셨다. 그는 모든 각지에서 온 다양한 신앙인들을 하나의 신앙 가족으로 재구성하셨다.

따라서 마리아는 제자들과 함께 기대감으로 기다리고 있었다. 예수님께서는 며칠 안에 그들에게 성령을 부어주실 것이라고 말씀하셨다. 그는 성령을 보내주시는 것이 더욱 그들에게 유익하다고 말씀하셨다

(요한복음 16:6-7). 다락방 안은 기대감으로 가득 차 있었다. 베드로는 요엘이 예언한 날이 임했다고 제자들에게 말하고 있었다. 모든 제자들은 족장들에게 약속된 나라가 가까웠다는 사실에 기대하고 있었다. 그들은 옛 선지자들이 선포한 마지막 때가 임했다고 믿고 있었다.

갑자기 무엇인가가 흔들렸다. 저 멀리 하늘에서부터 오는 작은 소리가 들리기 시작했다. 작은 소리는 점점 자라나 급하고 강한 바람과 같은 소리가 나기 시작했다. 다락방 안으로 그 무엇이 들어오자 온 집안을 하나님의 영광으로 가득 차게 했다. 황홀경의 외침과 찬양이 방 안에서 넘쳐났다. 그것은 단순한 바람이 아니었다. 하나님의 능력을 나타내는 불의 혀가 제자들 각각의 머리 위로 나타나 공중에 떠있었다. 하나님의 영이 내려온 것이다. 예수님의 기쁨이 그들 모두의 마음에 가득 찼다. 그들의 혀는 풀렸고 넘치는 찬양으로 말하기 시작했다.

마리아는 기쁨으로 찬양했다. 그리스 사람들은 올림푸스 신 제우스는 금빛과 모든 것을 태워버리는 불로 세상에 임했다고 주장했다. 그리스 신화에 따르면, 포이보스 아폴로가 금빛 마차인 태양을 타고 난다. 그러나 이제 진정한 하나님이 힘찬 바람과 혀 같은 불로 이 세상에 임하셨다.

하나님이 천둥과 불 그리고 지진으로 시내산에 한 때 임하셨다는 사실을 마리아는 알고 있다. 그러나 또한 그녀는 하나님이 자신의 해산하는 고통을 통해 이 세상에 임하셨다는 사실도 알고 있다. 그 어떤 계획에 의해 주님이신 예수님은 젊은 유대 여인을 통해 이 세상에 임하셨다. 하나님이 세상에 오셨지만 그 누구도 예상하지 못한 방식으로 오셨다. 그는 벌거벗은 채, 피투성이가 되어 울음을 터트리며 배고파하는 갓난아이로 오셨다. 그 날 밤 베들레헴에 이 세상을 태초에 말씀으로 창조하신 창조주가 말없이 울기만 하는 어린아이로 낮춰졌다. 악마의 모든 간교함을 무너트리실 하나님의 아들이 그 날 밤에는 어머니의 가슴에서 무력하게 울고 있었다.

예수님 태동을 처음 느꼈던 때를 마리아는 회상했다. 솔로몬은 광대한 하나님을 모시기에는 예루살렘 성전은 부족하다고 말했다(열왕기상 8:27). 하지만, 하나님이 마리아 안에 거하셨다. 그의 성육신, 얼마나 신비스러운 일인가! 이제 그 주님이 다시 한 번 이 세상에 임하신다! 이제 영광의 소망되신 그리스도가 그의 성도들 마음속에 임하셨다! 주 예수님이 영광으로 임할 성령의 성전으로 자신의 제자들을 변화시켰다!

마리아는 이런 사실들을 곰곰이 생각했다. 그녀의 마음이 찌르듯 할 것이라고 예언했던 나이 많은 시므온의 말이 생각났다(누가복음 2:35). 시므온의 예언은 성취되었다. 첫째 아들이 갈보리에서 못과 창으로 찔림을 당하는 모습을 마리아가 목격했기 때문이다. 그럼에도 불구하고 예수님은 죽음을 이겨냈다. 그리고 그가 모든 관계를 새롭게 하셨다. 이제 마리아의 마음은 기쁨으로 가득 찼다. 예수님은 또 다시 그녀 안에 임하셨다. 힘 센 자는 그의 왕좌에서 끌어내리시지만 겸손한 자는 높이시는 하나님, 이 얼마나 놀라운 하나님의 섭리인가? "나를 복이 있다 일컬으리로다"라고 마리아는 한 때 고백했다. 그러나 이제 모든 민족이 그녀의 복을 받게 되었다! 그리스도가 모든 성도들의 마음에서 성령을 통해 새롭게 태어나셨다!

모든 세대가 마리아를 보며 복되다 한다. 뱀의 머리를 상하게 할 여자의 자손에 대한 약속이 마리아를 통해 성취되었기 때문이다(창세기 3:15; 요한1서 3:8; 요한계시록 20:10). 그럼에도 마리아는 예수님을 자신의 구세주로 고백했다(누가복음 1:47). 오순절 때 성령으로 가득 찬 제자들과 마리아가 함께 했다는 사실은 주 예수님께서 택한 거룩한 신부 공동체에 마리아가 속했다는 점을 알려준다. 그리스도가 택하신 신부 공동체는 우리가 이해하는 인간관계를 완전히 초월한다. 그 공동체에는 예수님을 구원자로서 바라보는 모두가 속하기 때문이다. 남자나 여자나 유대인이나 이방인이나 그리스도 안에 속해 있다.

우리가 속한 이 땅에서의 관계가 어떠했던지 간에 예수님은 모든 것을 새롭게 하셨다. 예수님을 구원자로서 부르는 모두는 새로운 혼인적 공동체의 일부이다. 우리는 그의 거룩한 신부이다! 신부가 그의 남편에게 혼인을 약속 받을 때에 그녀는 새로운 가족에 속하게 된다. 혼인을 통해 예수님 또한 새로운 가족을 만들어 내셨다. 우리 중 어떤 이는 이 땅의 가족을 뒤로 한 채 왔을 수도 있다. 그러나 예수님과의 구속적 관계를 통하여 우리 모두는 완전히 새로운 가족을 가지게 되었다(마태복음 19:29)!

가장 놀라운 사실은 우리가 회심 할 때에 성령님을 통하여 예수님께서 우리 가운데서 태어나신다는 사실이다. 이런 영적 잉태는 마리아에게서 잉태하신 예수님의 역사적 사건처럼 실제적인 사건이다.

"너희 안에 계신 그리스도시니 곧 영광의 소망이니라"(골로새서 1:27).

예수님께서 지혜와 키가 자라나며 하나님과 사람에게 더욱 사랑스러워 가신 것처럼 우리 안에 계신 그리스도께서도 영원히 자라나고 있다. 우리가 어린 양의 혼인 잔치를 위해 성령님의 인도하심으로 성화되고 있는 이 순간에도 우리 안에 계신 그리스도는 신적 사랑을 나타내 보이고 계시다. 옛 글에 의하면 예수님께서는 자기의 거룩한 신부로서 우리를 붙잡기 위해 자신의 아버지와 어머니를 떠나셨다고 한다. 그가 바로 우리의 영원한 신랑이다. 낮은 자를 높이시는 그의 사랑이 너무 놀랍지 않은가!

이제 마리아와 같이 모든 세대가
우리를 복되다 부를 것이다!

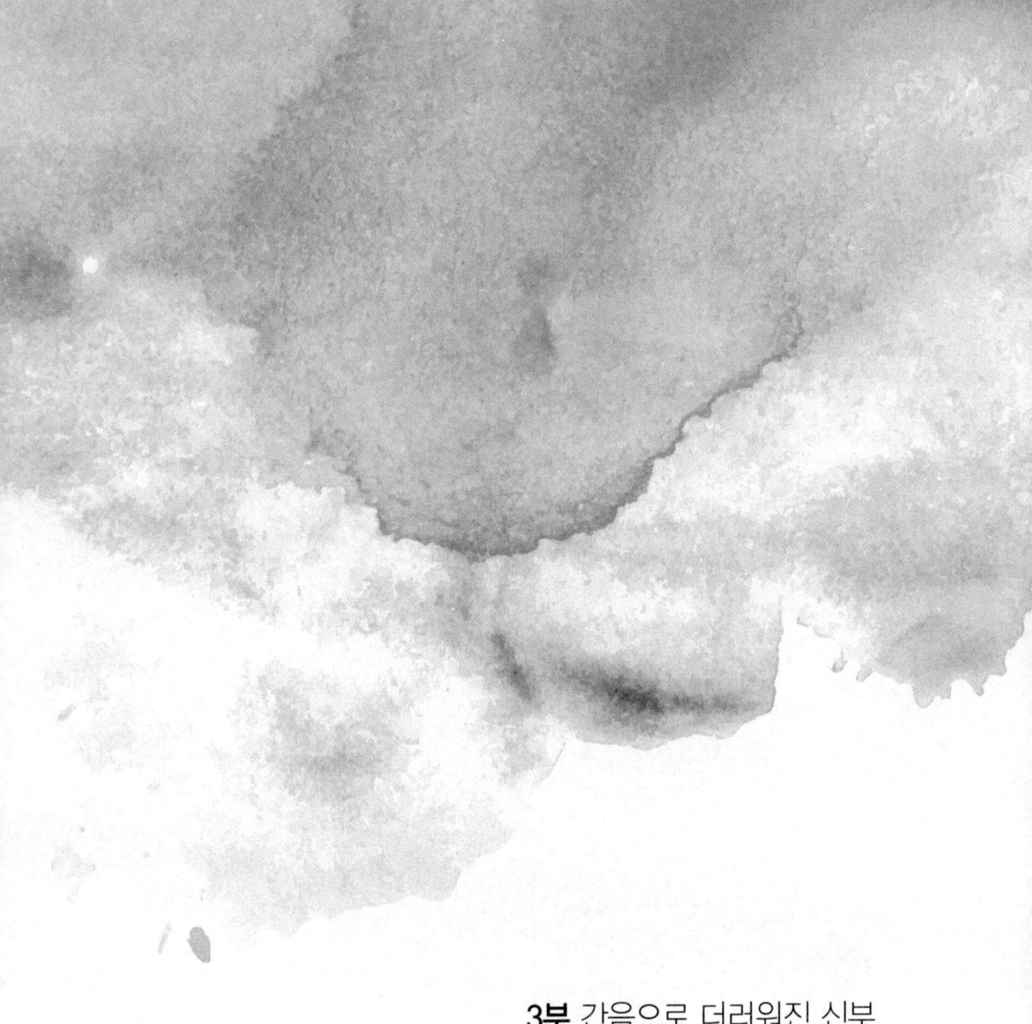

3부 간음으로 더러워진 신부

유다의 창녀 다말

여리고의 창녀 라합

호세아의 창녀 아내 고멜

간음하다 잡힌 여인

"유다가 그것들을 알아보고 이르되, '그는 나보다 옳도다.'"(창세기 38:26).

누군가가 문을 세게 두드렸다. "당장 나와"라고 외친 목소리에는 정죄함이 가득했다. 두드림은 끊임없이 계속되었다. 다말이 서둘러 문을 열었다. 그녀가 문을 다 열기도 전에 한 남자는 차가운 말투로 유다의 명령을 전달했다. 합당한 형벌을 받기 위해 공개적으로 그의 앞에 나올 것을 유다가 명령했다고 전했다. 그녀는 아직도 과부 옷을 입고 있었다. 결혼하지 않았다는 사실을 그 옷이 나타내지만 그녀가 임신했다는 사실이 알려졌기 때문이다. 그녀는 야곱 집안을 간음으로 더럽힌 죄의 대가를 받아야 한다. 형벌은 화형이었다. 그녀와 아직 태어나지 않은 아이 모두가 죽게 될 것이다.

다말의 심장은 쿵쾅거렸다. 그녀가 기다렸던, 하지만 두려워했던 그 시간이 도달했기 때문이다. 그녀의 계획이 과연 성공할 수 있을까? 이스라엘의 여럿 어머니에게 일어나는 일에 개입하셔서 자비를 보여 주신 이스라엘의 하나님께서 과연 다말과 같은 가나안 여인에게도 자비를 베풀어 주실까?

다말의 시아버지는 그녀가 가진 아이의 아버지가 자신이라는 사실을 전혀 알지 못했다. 유다는 다말을 공개적으로 창피를 주고 죽이려고 하고 있다. 하지만 유다가 바로 그녀 배 속에 있는 아이의 아버지이다. 유다는 부지불식간에 자신의 아이와 그의 어미를 죽이려하고 있다. 자신이 저지른 죄의 대가로 말이다.

다말은 재빠르게 유다를 증명할 개인 물품들을 챙겼다. 그 물품들은 창녀로 둔갑한 다말과 잠자리에 들기 위해 유다가 그녀의 요청에 따라 준 물품들이다. 이제 그녀는 문 앞에 서 있는 그 남자에게 물품을 건네주며 유다에게 전달해 줄 것을 요청했다. 그리고 물품의 소유자가 바로 아이의 아버지라고 덧붙였다.

문 앞에 서 있던 남자는 다말이 건네준 물품을 가지고 떠났다. 그리고 다말은 이후의 일을 기다렸다. 과연 유다가 자신이 그녀에게 저지른 엄청난 죄악에도 불구하고 계속해서 다말을 정죄할까? 과연 유다는 자신의 핏줄이 다말과 함께 화형 당하는 모습을 보려고 할까?

그녀의 운명이 저울질 되고 있을 그 때, 다말은 유다 집안에서 겪었던 모든 아픔을 떠올렸다. 유다는 가혹한 시아버지였다. 다말은 너무 악했던 유다의 첫째 아들 에르와 결혼했다. 하나님께서 에르의 악함을 보시고 그를 죽이셨을 때 다말은 하나님께서 인간의 삶을 어떻게 다스리시는지 직접 목격했다. 유다의 첫째 아들의 며느리로서 다말에게는 유다의 자손을 이을 권리가 있다. 역연혼 관습에 의해 시아버지는 그의 둘째 아들 오난에게 형의 이름으로 아들을 낳아 키울 것을 요청했다.

따라서 오난은 다말과 잠자리를 하기 위해 장막에 들어갔다. 그러나 오난에게는 형 이름의 아이를 키울 마음이 없었다. 대신에 그는 다말을 마치 창녀로 취급했다. 얼마나 수치스러운 일인가! 그 어느 누구도 그녀의 말을 믿지 않을 것이다. 당연히 그녀의 시아버지는 더욱 믿지 않을 것이다. 그러나 주님은 그녀를 대신해 오난을 죽음으로 심판하셨다. 하나님께서 다시 한 번 다말의 손을 들어 주신 것이다. 과연 하나님께서 세 번째로 그녀의 손을 들어주실까?

오난이 죽은 이후 유다는 또 다른 자신의 아들을 다말에게 제공해 주어야만 했다. 유다 집안의 자손을 낳는 일은 다말의 권리였고 그 권리를 존중하기 위해선 유다의 다른 아들이 다말에게 가야만 했다. 당시에 유다의 셋째 아들은 아직 어렸다. 따라서 유다는 다말에게 과부 옷을 입을 것을 명령하며 셋째 아들 나이가 찰 때까지 기다리라고 했다. 다말은 유다의 말을 따랐다. 그녀는 유다 집안의 자손을 잇는 어머니가 되길 간절히 바랐다. 하나님께서 이 집안과 맺은 언약의 약속을 믿었기 때문이다. 세상의 구원자 곧 여자의 후손이 아브라함을 통해 태어날 것이라는 약속을 그녀는 믿었다. 해산하는 고통을 통해 자손이 태어날 것을 고대하며 다말은 기다렸다. 그러나 유다의 셋째 아들이 나이가 찼음에도 불구하고 그녀에게 주어지지 않자 그녀는 고민했다. 그녀가 정당하게 받아야 할 그 약속은 오직 묘책을 통해 이루어질 수 있다는 사실을 그녀는 깨달았다.

그 때부터 다말은 이스라엘의 어머니가 될 자신의 권리를 찾기 위해 한 계획을 창안해 내었다. 그녀는 자신의 시아버지의 성품을 매우 잘 알고 있었기에 유다가 비밀리에 창녀의 장막으로 들어갈 것을 알았다. 따라서 하나님께서 유다를 통해 자손을 주실 것이라는 믿음을 가지고 다말은 창녀의 옷을 걸치고 유다가 지나가는 길가에서 기다리고 있었다.

지금 다말은 또 다시 한 번 기다리고 있다. 그러나 이번에는 그녀와 유다의 자손의 목숨이 달려있다. 유다의 물품을 가지고 간 그 남자는 왜 이렇게 돌아오지 않는 것일까? 과연 하나님께서 그녀와 아이의 목숨을 구해 주실까?

아주 오래 전 하나님께서는 하와에게 큰 해산의 고통을 줄 것이라고 선언하셨다. 사람들이 생각하기에 하와의 형벌은 오직 여자의 해산으로부터 오는 슬픔과 고통을 말하는 줄 알고 있었다. 그러나 다말과 이스라엘의 어머니들은 다르게 이해했다. 이 세상의 구원자를 잉태하기 위해 고통을 받는 것이다! 하나님께서 자손의 아버지로 선택한 그런 남자에게 얼마나 그들은 부당한 고통을 당했는가!

아브라함 족보에 속한 고귀한 여인들은 구원자를 이 세상에 보내기 위해 해산의 고통보다 더욱 극심한 고통을 받아야만 했다. 사라와 리브가, 그리고 라헬 모두는 매우 길고 쓰라린 불임이란 슬픔을 경험해야만 했다. 세상은 구원받기 위해 여자의 후손이 필요했지만 후손의 탄생은 불임이라는 고뇌와 책망을 통해서만 가능했다. 다말은 생각하길 "죽음과 같은 불임에서 태어난 이 후손은 어떠한 생명의 능력으로 가능한 것인가?" 과연 다말의 아이는 그를 죽이려는 유다의 시도에도 불구하고 그녀에게서 태어날 수 있을까?

대부분 믿음의 여인들은 자신의 남편으로부터 굴욕과 굴복을 당해왔다. 아브라함은 사라를 이집트 파라오의 첩으로 들어가게 했다(창세기 12:10-15). 아브라함은 자신을 구하기 위해 사라의 순결을 위협에 빠트린 것이다. 하나님의 개입으로 사라는 보호를 받았지만, 몇 년 후 아브라함은 같은 방식으로 사라에게 또 다시 죄를 짓는다. 아브라함이 그랄의 아비멜렉으로부터 자신을 구하기 위해 사라의 순결을 위험에 빠트릴 때 하나님이 개입하셔서 사라를 보호하셨다. 과연 하나님이 자신도 구원하실지 다말은 궁금했다.

　사라에게 주어진 약속을 아브라함이 위협에 빠트렸을 때 사라가 받은 고난을 다말은 상상했다. 그렇다고 해서 사라가 온전히 책임이 없다고는 말할 수 없다. 자신의 여종 하갈을 남편에게 주는 사라의 조급한 결정으로 인하여 가정에 큰 슬픔이 일어났기 때문이다. 그런 결정으로 이스마엘이 아브라함의 장자가 되었다. 시간은 흘러 사라가 더 이상 임신하지 못하자, 아브라함은 사라가 선택 된 후손의 어머니가 될 것이라는 약속을 하나님께서 거둘 것을 요청하기도 했다. 그는 사라를 통해 약속된 아들 대신에 이스마엘을 받아 주실 것을 주님께 요청했다. 그 상황에서 하나님은 개입하셔서 남편에게서 버려지는 사라를 보호하셨다. 주님께서는 약속의 후손의 어머니가 될 사라의 자격을 지지해 주셨다. 이삭을 세상에 태어나게 하기 위해 사라는 수많은 고난을 경험했다. 오랜 세월의 불임과 비난, 그리고 무시를 그녀는 경험했다. 다말도 비난받고 무시당하며 약속의 후손 없이 오랜 세월을 믿음으로 기다린다는 것이 무엇인지 잘 알고 있다.

　하지만 다말은 하나님께서 이스라엘의 어머니들에게 끊임없는 은혜를 보여주셨다는 사실을 잘 알고 있다. 이삭의 기도에 대한 응답으로 하나님은 오랜 세월의 고난과 불임에서 리브가를 구원해 주셨다. 리브가의 임신은 태 안에서 싸우는 두 쌍둥이 형제로 인하여 매우 고통스러웠다. 그러나 리브가가 이 문제를 하나님께로 가져가자 하나님은 두 형제의 숙명을 깨닫게 하셨다. 하나님은 형이 아우를 섬길 것이라고 말씀하셨다. 하나님은 야곱을 선택하신 것이다. 얼마 후 리브가는 하나님께서 그녀에게 주신 약속을 망치려는 이삭으로 인해 고통을 받게 되었다. 그러나 이삭이 야곱이 아닌 에서에게 축복을 선언하려고 할 때 하나님은 리브가의 교활한 계획이 성공할 것을 허락하셨다.

다말은 또 다른 한 명의 여인을 생각했다. 남편이 자신을 사랑하기를 바라는 마음으로 수년을 참아온 레아였다. 하나님은 그녀의 외로움과 상처를 위로하기 위해 여섯 명의 아들이 레아에게서 태어날 수 있도록 인도하셨다. 또한 하나님은 레아의 동생 라헬이 불임으로 고통받고 있을 때 자비를 베푸셨다. 라헬이 자신의 슬픔을 야곱에게 실토하며 아이를 주지 않으면 죽겠다고 하소연 할 때 그녀의 남편은 분노하며 그녀의 아픔을 오히려 꾸짖었다. 그러나 다시 한 번 주님이신 하나님은 개입하셔서 이스라엘의 어머니의 태를 열어주심으로 은혜를 베푸셨다.

이제 다말의 차례이다. 약속의 후손을 이 세상에 내보내기 위해 고통 받으며 믿음을 지켜내야 한다. 그녀는 왜 아직도 아무 소식이 없는지 궁금했다. 지금쯤이면 유다가 자신의 도장과 지팡이를 받았을 것이다. 설마 유다가 다시 한 번 다말이 받은 약속을 박탈하기 위해 술책을 쓸 것인가? 과연 하나님은 이런 자격 없는 아브라함의 자손을 통해 구원의 언약을 성취해 내실 수 있을까?

다말은 유다의 악한 첫째 아들과의 결혼으로 난폭한 나날을 보냈다. 또한 그녀는 이스라엘의 거룩한 어머니인 자신을 마치 창녀와 같이 취급하는 유다의 둘째 아들로 인해 수치를 당했다. 또한 그녀가 가진 셋째 아들에 대한 권리를 유다는 난폭하게 앗아갔다. 다말은 믿음을 가지고 셋째 아들이 자라나기를 기다렸지만, 그녀의 시아버지는 그 아들을 내어놓지 않았다.

　주 하나님은 자신의 신실함을 여러 이스라엘 어머니를 통해 증명하셨다. 이 사실을 다말을 알고 있다. 하나님은 자신의 남편을 속이려는 리브가의 결정을 그녀에게 주신 선지적 약속을 이루기 위한 하나의 방편으로 사용하셨다. 만일 하나님께서 리브가의 교활한 계획을 선하게 사용하셨다면, 다말의 경우에도 그렇게 하시지 않을까?

　리브가와 마찬가지로 다말 또한 야곱의 후손을 속였다. 매우 큰 용기뿐만 아니라 영리함도 필요하다. 자신의 임신 소식이 알려지면 모든 사람이 그녀를 창녀로 여길 것이라는 사실을 그녀는 매우 잘 알고 있었다. 그렇게 될 경우 자신과 자신의 아이는 사형을 받게 될 것이라는 사실 또한 그녀는 알고 있었다. 따라서 그녀는 아이의 아버지를 증명하기 위해 유다의 물품을 챙겨야겠다는 계획을 세웠다. 그 물품을 보는 순간 유다는 발각 된 자신의 위선으로 충격을 받게 될 것이다. 만일 유다가 다말을 정죄한다면 그것은 곧 자기 자신을 정죄하는 일이다. 언약의 가족에게 약속한 후손을 위해선 하나님은 다시 한 번 개입하실 수밖에 없다는 사실을 다말은 알고 있었다. 그러나 그녀는 하나님이 약속하신 자손을 잉태하기 위해 자신의 생명과 평판을 걸었다.

　그러자 얼마 후 기다렸던 때가 도달했다.

　다말이 걱정하며 기다리는 동안, 두려움과 믿음이 그녀의 영혼 안에서 다투는 동안, 다말의 집에서 유다의 물품을 받아 떠난 한 남자는 드디어 유다에게 물품을 넘겨주었다. 보는 순간 유다는 의아했다. 삼 개월 동안 찾지 못한 이 물품들을 어떻게 이 남자가 가지고 있는지 유다는 궁금했다. 그 남자는 다말의 말을 유다에게 전했다. "이 물품 주인이 아이의 아버지입니다. 이 물품이 누구의 것인지 살펴봐주십시오!"

　유다가 자신의 도장과 지팡이를 보자 그는 알아차릴 수 있었다. 다말의 아이가 자신의 아이라는 사실을 알 수 있었다. 자신이 죽이려는 아이가 바로 자신의 아이라는 사실을 깨닫고 그는 경악을 금치 못했다. 다말은 간음한 여인이 아니었다. 그녀는 유다의 자손을 낳을 수 있는 권리를 필사적으로 지켜내려 한 정직한 여인이었다. 그녀는 창녀가 아니었다. 자신이야말로 남창이었다! 유다는 자신의 죄로 인해 다말을 정죄한 것이다.

놀라움의 정적이 흐른 후 유다는 입을 열었다.

"그는 나보다 옳도다 내가 그를 내 아들 셀라에게 주지 아니하였음이로다" (창세기 38:26).

이스라엘 어머니들에게 약속하신 후손을 위해 다시 한 번 하나님께서 개입하셨다. 사라와 같이 다말 또한 이스라엘의 소망인 약속의 후손을 잉태할 수 있었다. 리브가와 같이 하나님의 선하심으로 다말 또한 태 안에서 싸우는 쌍둥이를 낳을 수 있었다. 레아의 때처럼 하나님께서는 남편에게 사랑받지 못한 다말의 태를 열어주셨다. 라헬과 같이 다말이 간구한 아이를 잉태할 수 있도록 하나님이 허락하심으로 그녀를 죽음에서 구하셨다. 그녀의 아들 베레스를 통해 하나님께서는 하와에게 주신 약속을 이루실 것이다. 하나님이 선택하신 구원자가 여자를 통해 올 것이라는 약속을 이루실 것이다.

구원의 역사 속에서 다말은 간과하기 쉬운 영웅적 인물 중 한 명이다. 그녀의 인생이 얼마나 교훈적인가! 하나님께서는 자신이 약속한 세상의 구원자를 바로 이 겸손한 가나안 여인의 신앙을 통해 보내시길 원하셨다. 이스라엘의 이후 세대는 결혼을 축복할 때 레아와 라헬과 더불어 이스라엘을 함께 세운 다말을 언급한다. 그녀의 아들 베레스를 통해 유다의 왕족이 세우질 수 있었기 때문이다(룻기 4:11-12). 마태 또한 예수님의 계보에 다말을 포함시킨다. 예수님의 계보에 언급되는 몇 명의 여인들 중 제일 처음에 다말이 등장한다(마태복음 1:3).

다말은 하나님의 약속을 믿었다. 이 세상을 구원할 구원자를 아브라함의 후손으로 보내시겠다는 하나님의 약속을 그녀는 믿었다. 다말은 그런 구원 역사에 나타나는 어머니 중 한 명이 되길 간절히 원했고 그런 명예 때문에 그녀는 큰 고통을 당했다. 그녀는 두 명의 악한 남편으로 인해 고통당했고 시댁 식구로부터 성적 학대와 수치심 그리고 혐오를 당했으며 자신의 시아버지에게 포악한 속임을 당했다. 그러나 그녀는 자신에게 주어진 약속에 소망을 두며 믿음으로 견디었다. 그리고 하나님께서는 자신이 언제나 아브라함 가족에게 행하셨던 것처럼 다말을 위해 개입하셨다.

다말은 강한 믿음을 가졌을 뿐 아니라 강한 의지를 가진 여인이었다. 유다가 자신의 권리를 빼앗으려 하자 다말은 그보다 먼저 발빠르게 움직였다. 자신의 임신이 들통났을 때 자신과 아이의 생명을 구하기 위해 다말은 유다와의 만남을 조심스럽게 계획했다. 그 계획은 구원의 역사의 일부분으로서 유다의 위선적 모습이 드러나도록 꾸며졌다. 유다가 주장하는 경건함은 거짓이라는 사실을 다말은 유다가 보길 바랐다. 그 결과 유다는 회개하며 다말이 자신보다 더욱 의롭다고 공개적으로 고백했다. 그는 자신의 죄악의 길에서 돌아섰고 다시는 그녀를 자신의 이익을 위해 악용하지 않기로 결심했다. 유다의 위대한 회개가 시작된 것이다! 다말과의 대립이 있기 전 유다는 자신의 동생 요셉을 멸시하며 인정하지 않았다. 이런 그의 마음은 요셉을 팔아넘겨 죽도록 내버려둔 그의 행동으로 나타났다. 그러나 다말과의 사건 이후로 유다는 자신의 동생 베냐민의 안전을 담보하기 위해 자신의 목숨을 내놓는다. 그는 유다라는 성품에서 그리스도의 연민을 가진 성품으로 변화되었다. 그의 변화는 온전했기에 그의 아버지 야곱은 이스라엘의 왕홀을 그에게 주었다(창세기 49:10). 하나님은 다말의 믿음을 보시고 축복해 주셨다. 유다에게 끼친 그녀의 구원적 영향으로 다말은 다윗 왕족의 어머니가 되었다!

다말의 이야기는 우리들에게 교훈을 준다. 인생 속 남자들에 의해 이용당하고 학대당하는 상황 속에서도 자신의 믿음을 잃지 않는 여인을 하나님께서는 높이신다는 사실이다. 아브라함 집안의 여인들은 단순히 해산하는 고통만을 겪지 않았다. 그보다 더욱 극심한 수많은 고통을 감수해야만 했다. 그러나 주님은 그녀들의 고통을 통하여 이 세상의 구원을 허락하셨다. '여자의 후손'이라 불리는 구원자를 약속하셨다. 아브라함 집안 여인들의 이야기는 모두 '고통 후 영광'이라는 패턴을 따른다는 사실을 알 수 있다. 예수님께서는 자신의 삶을 통해 보여주신 '고통 후 영광'이라는 패턴이 우리 모두의 삶에서도 나타나게 될 것을 말씀하셨다(누가복음 24:26). 바로 이것이 그리스도의 이름으로 모인 교회의 본질이다. 주님께서는 우리의 고통을 해산하는 여인의 고통을 빗대어 말씀하셨다. 예수님은 우리의 삶이 마치 해산이 임박한 여인의 고통과 같다고 말씀하셨다. 해산하는 여인은 엄청난 고통을 잠시 동안 겪지만 태어난 아이를 보게 될 때 그녀의 고통은 기쁨에 압도당하게 된다(요한복음 16:16-24). 마찬가지로 우리가 삶을 통해 겪는 모든 고통은 영광스러운 우리의 남편을 마침내 보게 될 때 완전히 잊게 된다! 주 하나님께서 우리의 모든 고통을 보고 계시며 알고 계시다는 사실과 우리를 구원하시기 위해 직접 개입하시겠다는 약속이 우리에게 얼마나 위안이 되는가(출애굽기 3:7-8)! 괴로움은 단지 밤 동안 지속되지만 영원한 기쁨은 새벽과 함께 찾아온다(시편 113:4-9)! 다말은 바로 이 진리를 자신이 겪은 어려움을 통해 배웠다.

여리고의 창녀 **라합** | 여호수아 1-6; 마태복음 1:5; 히브리서 11:31;

야고보서 2:21-26; 요한계시록 8:2, 11:15, 18:2, 4

"여호수아가 그 땅을 정탐한 두 사람에게 이르되 그 기생의 집에 들어가서 너희가 그 여인에게 맹세한 대로 그와 그에게 속한 모든 것을 이끌어내라 하매"(여호수아 6:22).

포위됐다! 도시는 공황 상태에 빠졌다. 길거리는 혼란스러웠다. 여리고로 통하는 거대한 성문은 굳게 닫혔다. 대부분 사람은 두려움을 떨치기 위해 자신의 집 문을 꼭꼭 잠그고 숨었다. 6일 동안 여리고 사람들은 자신의 성벽에서 매일 성벽 주위를 행군하는 이스라엘의 후손을 지켜보았다. 그러나 오늘은 이스라엘 백성이 성벽 주위를 여섯 번이나 돌았다. 그리고 이제 곧 일곱 번째 바퀴를 완성하려 한다. 지켜보던 몇 명의 여리고 사람은 변화된 이스라엘의 행동을 목격하며 두려움에 사로잡혔다. 어떤 이들은 포위된 상태를 완전히 무시하며 살아갔다. 내일에 대한 걱정 없이 먹고 마시며 결혼하며 기쁘게 자신의 일상을 살아갔다. 어떤 이들은 놀라움과 혼란스러움을 감추지 못했다. 어떤 이들은 이스라엘의 끝없는 행군을 보며 비웃었다. "무기도 없는 이런 무리가 어떻게 우리의 위대한 이 성벽을 무너트린단 말인가? 그들에게는 성벽을 넘을 장비가 없다. 또한 그들에게는 성문을 파괴할 장비도 없다." 이런 이야기가 오가는 가운데 어떤 이들은 무시할 수 없는 걱정거리 하나가 있었다. 하나님께서 이스라엘 백성을 구하기 위해 이집트의 파라오를 무너트리고 최근에는 요르단 건너편에 있는 강력한 왕들을 무너트렸다는 사실이다.

느닷없이 앞에서 행군하던 이스라엘의 제사장들이 자신이 가지고 있던 일곱 개의 나팔을 불기 시작했다. 첫 번째 나팔이 날카로운 울림으로 도시를 관통했다. 두 번째 나팔 소리가 뒤따랐다. 그리고 세 번째 나팔이 울렸다. 한 번도 겪어보지 못한 거대한 두려움이 도시를 덮쳤다. 그러나 라합은 문을 굳게 걸어 잠근 자신의 집에서 그녀의 가족들과 함께 나팔 소리를 들었지만 두려워하지 않았다. 라합에게 나팔 소리는 구출을 알리는 소리였기 때문이다. 나팔 소리는 그녀에게 자유의 소리였다.

며칠 전 여호수아가 보낸 두 명의 정탐꾼이 그녀의 집에 찾아 왔었다. 라합은 믿음으로 주 하나님께서 이스라엘과 함께 하신다는 사실을 알고 있었다. 또한 그녀는 위대한 도시 여리고가 그들 앞에서 무너질 것을 알고 있었다. 따라서 그녀는 두 명의 정탐꾼과 언약을 맺었다. 자신을 포함한 자기 가족들을 구출해주는 대가로 정탐꾼의 안전한 여정을 약속했다. 언약에 따라 라합은 자신의 집 창문에 주홍색 줄을 달아 놓았다. 주홍색 줄은 곧 이스라엘의 하나님과 맺은 언약을 나타내는 상징물이었다. 주홍색 줄이 걸려 있는 문 뒤에 있는 자들을 보호하겠다는 약속이다.

네 번째 나팔이 울려 퍼졌다. 일곱 개의 나팔 소리는 거룩한 전쟁을 상징한다는 사실을 모두 알고 있었다. 필멸의 존재들을 떨게 만드는 불멸의 신들의 전쟁을 나타낸다. 두려움이 도시를 다스리고 있지만 여리고 창녀의 집 안에서는 하나님의 약속과 사랑의 영이 다스리고 있었다.

다섯 번째 나팔 그리고 여섯 번째 나팔이 울려 퍼졌다. 드디어 시간이 다 되었다. 결전의 시간이다. 긴장감이 느껴졌다. 공포가 여리고 도시에 가득했지만 창녀 라합의 집안은 기쁨의 외침으로 가득했다. 그녀와 그녀의 가족의 구원이 임했기 때문이다.

일곱 번째 나팔이 소리를 내자 이스라엘 백성의 외침이 위대한 성벽을 무너트렸다. 여리고는 불타올랐다. 도시는 무참히 무너졌다. 여리고 도시에 심판이 임하기 전에 여호수아는 라합과 그녀의 가족을 안전하게 데려올 것을 명령했다. 라합은 구원을 받았다. 그날 그녀와 그녀의 가족은 자신의 도시에 내려진 심판에서 벗어날 수 있었다. 그녀의 과거는 용서받았고 잊혀졌다. 그녀에게는 하나님 백성과 동등한 권리가 주어졌다. 라합은 이전의 죄악 된 삶에서 벗어나 유다지파 살몬과 결혼을 하게 되었다(마태복음 1:5). 은혜로운 하나님의 선하심으로 라합은 이스라엘 왕족의 가족이 되었다. 그녀의 아들인 고귀한 보아스는 이후에 모압 여자 룻과 결혼하게 된다. 보아스과 룻을 통해 라합은 오벳의 할머니가 되며 이새와 이후의 다윗 왕의 증조할머니가 된다(룻기 4:21-22). 또한 다윗을 통해 창녀 라합은 영원한 왕이신 예수님의 어머니들 중 한 명이 된다. 정죄 받을 창녀의 믿음을 보시고 그녀를 구원하시며 그녀를 왕족의 아내로 변혁시키시는 주 하나님의 구원의 은혜란 얼마나 위대한가!

신약 성경은 여리고 출신 라합의 믿음을 매우 높인다. 모든 일반적인 왕족 의례에도 불과하고 예수님은 왕족의 매우 중요한 위치를 이전에 창녀였던 라합에게 주는 것을 부끄러워하지 않으셨다(마태복음 1:5). 놀랍게도 히브리서 기자는 믿음의 조상들의 역사를 이야기 하며 절정에서 라합을 소개한다. 순서적으로 보아 모두가 여호수아에 대한 언급을 기대하고 있는 자리에서 히브리서 기자는 라합을 소개한다(히브리서 11:31). 이와 더불어 야고보는 라합의 믿음을 아브라함의 믿음과 동등한 자리에 놓는다(야고보서 2:21-26)! 왜 이렇게 신약의 저자들은 라합을 높이는가? 구약의 그 어떤 이야기보다 라합의 이야기는 하나님의 약속을 믿는 죄인을 향한 하나님의 은혜와 자비를 나타내기 때문이다. 우리가 가지고 있는 그 어떤 과거도 하나님의 사랑과 자비를 받지 못하도록 막지 못한다는 사실을 라합은 우리에게 가르친다. 다시 새로운 삶을 시작하지 못하도록 그 어떤 과거도 막을 수 없다!

　라합의 이야기는 하나님의 구원이 가진 아름다움을 나타낸다. 라합은 가나안 사람이었다. 죄에 대한 노아의 저주를 받은 족속에 속한 사람이었다(창세기 9:25). 또한 가나안 족속은 자신의 죄악으로 인하여 모세가 전해 준 율법에 의해 사형이란 심판을 받은 족속이다(신명기 20:16-18). 이와 더불어 라합이 직업으로 행한 매춘은 하나님의 거룩한 율법에 의해 정죄 받을 행위이다(레위기 19:29). 이런 라합이 구원 받은 이야기는 주님의 언약은 저주와 심판과 그리고 과거에 대한 죄책감을 모두를 초월한다는 사실을 보여준다. 그 어느 누구도 하나님의 용서를 받지 못할 자는 없다. 우리 모두 온전히 용서를 받을 수 있다! 라합이 두 명의 정탐꾼과 맺은 언약은 그녀로 하여금 자신이 받을 저주와 정죄에서 벗어나게 해주었다. 심판의 때에 우리를 구원하실 주님만 믿는다면 예수님께서는 우리의 죄악 된 과거에도 불구하고 라합에게 베푼 은혜와 용서의 언약을 우리에게도 베푸신다.

우리는 라합의 이야기를 통해 심판 때에 베푸실 하나님의 자비에 대해 배울 수 있다. 라합이 두 명의 이스라엘 정탐꾼과 맺은 언약은 그녀 집 대문이 그녀와 가족을 위한 구원의 문이라는 사실을 명시하고 있다(여호수아 2:19). 대문 안에 있는 모두는 구원을 받게 될 것이라는 약속과 더불어 대문 밖에 있는 모두는 죽음의 심판을 받게 된다는 사실이다. 심판 때에 하나님은 자신의 자비를 믿는 자들을 위해 언제나 구원의 문을 제공하신다는 사실을 라합은 아마도 이해했을 것이다. 물의 심판이 임할 때 하나님은 방주 문을 닫아 노아와 그의 가족을 홍수에서 구하셨다(창세기 7:16). 구원의 문은 노아와 그의 가족을 홍수로 멸망할 문 밖의 사람과 분리시켰다. 이와 마찬가지로 하나님은 소돔에서도 구원의 문을 세우셨다. 천사는 롯의 대문을 닫아 밖에 있는 자들로부터 그들을 보호하셨다. 문 안에 있던 자들은 불의 심판이 소돔에 임할 때 구원을 받게 되었지만 문 밖에 있는 자들은 멸망했다(창세기 19:10). 이집트에서 하나님은 자기 백성에게 양의 피로 대문에 표시하고 굳게 닫아 놓을 것을 명하셨다. 죽음의 천사가 이집트에 심판을 내릴 때 문 안에 있는 자들은 구원을 받았다(출애굽기 12:7, 12-13).

라합 이야기 속 구원의 문은 같은 약속을 나타낸다. 문 안에 있는 모든 자는 여호수아의 칼과 불의 심판에서 구원을 받게 되었다. 라합과 같이 우리도 어려움 가운데서 구원의 문을 찾아야 한다. 우리의 구원의 문은 어디에 있는가? 라합과 같이 우리는 진노의 때에 어디로 피난해야 하는가? 예수님께서 이렇게 이야기하지 않으셨는가? "내가 문이니 누구든지 나로 말미암아 들어가면 구원을 받고 또는 들어가며 나오며

꼴을 얻으리라"(요한복음 10:9)!

라합은 심판 때에 어떻게 믿음으로 살아갈지 가르치고 있다. 하지만 그녀와 우리의 연관성을 올바르게 이해하기 위해선 우리는 예수님의 히브리 이름이 '여호수아'란 사실을 기억해야 한다. 사실 요한계시록은 '예수님께서 진정한 여호수아이시다'란 사실을 나타내고 있다. 예수님 께서는 요한계시록 시작에 나타나신다(요한계시록 1). 여리고와 같이 하나님을 대항하여 성벽을 세운 위대한 도시와 전쟁하기 위해 예수님 은 나타나신다(요한계시록 17-18). 그 도시에 주홍색으로 표현된 라 합과 같은 창녀가 살고 있다(요한계시록 17:3-5). 여호수아가 두 명의 증인을 여리고에 보내듯 예수님도 두 명의 증인을 위대한 도시에 보낸 다(요한계시록 11). 예수님 또한 심판을 나타내는 일곱 개의 나팔을 불 것을 명령하신다(요한계시록 8:2). 그 나팔 소리로 인하여 위대한 도시 는 무너진다(요한계시록 14:8). 그 도시에 심판이 쏟아지자 여리고와 같이 불로 인하여 파괴된다(요한계시록 18:18). 그러나 위대한 도시가 파괴되기 전에 하늘에서 한 울부짖음이 들린다. "내 백성아, 거기서 나 와 그의 죄에 참여하지 말고 그가 받을 재앙들을 받지 말라!" 라합과 같이 남은 자들이 불의 심판에서 구원을 받게 된다(요한계시록 18:4). 유다 왕족과 결혼한 라합과 같이 남은 자들이 예수님의 거룩한 신부로 결혼을 하게 된다. 또한 그들은 약속의 땅 하늘의 도시에서 예수님과 함께 영원히 살게 된다(요한계시록 21:2)!

그리스도인들도 라합과 같이 이 세상을 떨게 하는 심판의 나팔 소리 를 듣게 될 것이다. 그러나 라합과 같이 우리는 두려움 가운데 그 소리 를 듣지 않을 것이다. 우리는 믿음으로 기뻐하며 들을 것이다. 우리는 그 소리가 우리의 구원을 알리고 있다는 사실을 알기 때문이다. 그 날에 우리의 위대한 구원자는 우리를 이 세상의 심판에서 불러낼 것이다. 주 하나님께서 우리를 구원하실 것이다. 과거의 지었던 모든 죄악을 영원히 떠나 우리 주 예수님의 거룩하고 순결한 신부로 삼기 위해 하나님은 우리를 부르신다!

호세아의 창녀 아내 **고멜** | 호세아 1-14장

"내가 네게 장가들어 영원히 살되 의와 공변됨과 은총과 긍휼히 여김으로
네게 장가들며"(호세아 2:19).

남편과 자녀가 함께한 저녁 식탁 자리에 앉자 고멜의 마음은 기쁨으
로 가득 찼다. 자신의 남편과 가족의 사랑으로 고멜은 상상할 수 없는
안정감을 느꼈다. 주님께서 고멜이 가지고 있던 굳건한 창녀와 같은 마
음을 무너트리지 않으셨다면, 또한 선행을 행할 수 있도록 주님의 의
로움을 부드럽게 베풀지 않으셨다면, 고멜은 주님의 자비와 신실하심
을 맛보지 못했을 것이다(호세아 10:12). 주님은 그녀의 사랑이 포도
나무 같이 꽃 피우게 하셨고 곡식과 새로운 포도주가 나게 하셨다(호세
아 14:4-7). 고멜이 매춘을 통해 낳은 아이들을 고멜의 자녀라는 이유
만으로 그녀의 남편은 자신의 자녀로 받아들였다. 호세아는 자신의 사
람이 아닌 자들을 자신의 사람으로 흔쾌히 받아들였다. 다른 남편이라
면 버렸을 그녀의 자녀들이지만, 호세아는 그들을 사랑으로 품었다(호

세아 2:1).

고멜은 자기를 사랑한 남편을 배신했다. 그녀는 자신이 맺은 혼인 언약을 반복적으로 깨트렸다. 그럼에도 불구하고 호세아는 그녀를 사랑했으며 그녀를 위해 기다려주었다. 고멜이 밤마다 거리에서 수많은 남자를 찾아다니며 원하는 모든 남자들과 관계를 맺을 때마다 호세아는 기다렸다. 그녀의 남편은 홀로 밤을 지새우며 집 안에 등이 꺼지지 않도록 했다. 만일 그녀가 집에 돌아오길 원한다면 언제나 따뜻이 맞아주기 위해서이다. 그러나 고멜은 많은 남자들이 주는 관심을 사랑했다. 또한 그들이 주는 선물을 사랑했다. 고멜은 빵과 포도주가 가득한 잔치와 향유, 그리고 금과 은을 사랑했다. 그녀가 가진 창녀와 같은 마음은 베푸는 사람이 아닌 베푸는 것을 사랑했다.

하나님은 자신의 거룩한 선지자에게 고멜을 아내로 주었다. 호세아는 하나님께서 선택한 고멜을 사랑했다. 그러나 고멜은 자기 남편이 보여준 사랑에 응답하지 않고 거부했다. 그녀는 밤마다 다른 남자를 찾아다녔다. 사랑을 찾기 위한 그녀의 필사적인 노력에도 불구하고 고멜은 찾지 못했다. 다른 사랑을 찾기 위한 그녀의 고집스런 여정은 가시와 엉겅퀴로 둘러쌓였다(호세아 6:15). 고멜은 바람을 심고 회오리바람을 얻었다.

바로 그 때 고멜은 호세아의 친절함을 기억했다. 호세아의 신실함과 묵묵히 희생하는 모습은 고멜을 사로잡았다(호세아 2:14). 호세아는 그녀에게 사랑스럽게 이야기했다(호세아 2:15). 호세아는 그녀와의 약속을 영원히 지킬 것과 함께 할 것을 약속했다. 그는 고멜의 불의를 의로움으로, 그녀의 배신을 충실함으로, 그녀의 신실하지 못함을 연민과 신실함으로 바꿔 줄 것이다.

고멜은 스스로 물었다.

"선함으로 가득한 그를 내가 왜 그렇게 무시했을까? 어떻게 그런 사랑을 무시하고 매일 밤 도시 광장으로 나가 돌아다녔을까? 나의 진정한 위로자를 놔두고 나는 지금까지 위로를 받기 위해 돌아다녔구나! 그 어느 누구도 이런 나의 배신을 견디어 내지 못할 뿐 아니라 나에게 버림을 당하면서도 끝까지 인내하며 기다려 줄 사람은 없을 거야! 그 어느 누구도 내가 매춘으로 낳은 나의 아이들을 받아 줄 사람은 없어. 그들에게 새로운 이름을 주며 자신의 자녀로 받아 줄 사람은 없어. 그 어느 누구도 창녀와 같은 아내에게 이혼 증서를 내밀지 않고 연민의 눈으로 봐 줄 수 있는 사람은 없어. 나를 사랑하는 남편 말고 창녀와 같은 나를 거룩함으로 변화시켜 줄 사람이 누구란 말인가?"

또한 고멜은 호세아의 놀라운 사랑보다 더욱 놀라운 사랑은 자신의 신부인 이스라엘을 향한 하나님의 사랑이라는 사실을 깨달았다. 하나님은 이스라엘의 언약적 신랑이었다. 이스라엘은 반복적으로 하나님을 떠났지만 주님은 온전한 용서를 약속하며 돌아 올 것을 요청했다. 만일 이스라엘이 이런 그의 선하심을 거부할 경우 이스라엘은 회복 가능성도 없이 추락하게 될 것이다. 하지만 만일 이스라엘이 돌아오기만 한다면 하나님은 용서하실 것이다. 당연히 진정한 이스라엘은 거부할 수 없는 자기 남편 사랑에 이끌려 돌아오게 될 것이란 사실을 고멜은 알았다. 이스라엘은 새로운 서약을 하게 될 것이고 그의 남편인 주님은 이스라엘에게 의로움을 베풀 것이다. 하나님은 이스라엘을 무성한 포도나무로 변화시켜 포도와 새로운 포도주를 수확하게 할 것이다(호세아

2:21-23).

고멜은 하나님의 사랑에 대해 거룩한 그의 선지자가 보여준 사랑을 통해 배울 수 있었다. 많은 것을 용서받은 그녀는 많은 것을 사랑하는 법을 배웠다. 호세아는 고멜을 죽기까지 사랑했다. 그녀의 모든 죄는 용서 받았다. 하나님께서 이스라엘에게 사랑을 쏟은 것처럼 호세아도 고멜에게 자신의 사랑을 쏟았다.

고멜은 생각했다.

"내 남편 발에 입맞추고 나의 눈물로 그의 발을 씻기기 위해 돌아가야겠다! 그의 용서가 주는 달콤한 위로를 나로 하여금 맛보게 했다. 모두가 나에게 돌을 던지려 할 때 그만 나를 정죄하지 않았다. 더 이상 죄를 짓지 못하도록 나를 자유롭게 돌려보냈다(요한복음 8:11)! 나의 죄는 거대했지만 그가 모든 죄값을 지불했다. 그가 나를 위해 자신의 모든 은과 보리 호멜을 지불했다(호세아 3:2). 그는 자신의 귀한 진주 모두를 나의 몸값으로 기쁘게 쏟았다(잠언 31:10). 나의 영혼은 용서란 물로 씻겼다. 그 용서는 내 안에서 기쁨의 샘물이 되었고 내 안에서 풍성히 샘솟는 끊임없는 사랑의 샘이 되었다(요한복음 4:14). 그는 자신의 신실함으로 나에게 구애했다. 나로 하여금 그만을 신뢰하도록 인도했다. 내가 그를 찾을 때에는 그를 절대 보내지 않겠다(요한복음 20:17). 그의 사랑은 나를 거부하지 않는다. 그의 신실한 언약은 나를 버리지 않는다. 나는 마치 그의 영원한 팔에 안긴 암양과 같다. 또는 나는 마치 그의 가슴에서 위로의 둥지를 찾은 비둘기와 같다(이사야 40:11). 나의 영혼이 그의 사랑 안에서 죽음보다 강한 안식처를 찾았다(아가 8:6)! 이제 내가 어떻게 그런 그에게서 벗어나겠는가?"

가장 충격적인 메시지가 담긴 성경은 아마도 호세아일 것이다. 믿기 어려운 메시지가 담겼기 때문이다. 하나님은 자신의 거룩한 선지자에게 그를 배신할 여자를 아내로 맞을 것을 명령하신다. 틀림없이 하나님은 말씀하신다. 호세아가 창녀와 결혼할 것을 하나님은 세 번이나 말씀하신다. "너는 가서 음란한 아내를 취하여 음란한 자식들을 낳으라 이 나라가 여호와를 떠나 크게 행음함이니라(호세아 1:2)."

매우 수치스럽게 들릴지 몰라도 가장 충격적인 사실은 하나님 명령의 의미이다. 하나님은 고집스럽고 창녀와 같은 우리를 아내 삼으시고 사랑해 주셨다. 우리의 죄악된 과거에도 불구하고 우리는 거룩하신 하나님과 결혼하도록 예정되었다. 하나님께서 자신의 신실하심으로 우리를 이겨 영원히 함께 할 것을 약속하셨기 때문이다(호세아 2:20)!

이스라엘의 선지자들은 하나님과 우리의 관계를 상징하기 위해 결혼이라는 비유를 사용했다. 그들은 하나님께서 자신의 백성과 결혼할 것이라고 알렸다. 과거에 행한 모든 부정이 용서될 것이며 하나님께서 그의 백성의 남편이 될 것이다(이사야 54:5). 그 뿐만 아니라 하나님께서 우리로 하여금 남편이 자기 아내로 하여금 기뻐하듯이 기뻐하실 것이다(이사야 62:5)! 하나님께서는 우리를 사랑할 뿐 아니라, 우리를 지키고 보살피고 사랑으로 양육하신다. 그는 우리에게 성실한 남편의 모습을 보이실 것이다. 이런 그에게 우리는 온전하고 신실한 신부의 태도를 보여드려야 마땅할 뿐만 아니라 요구된다. 주 하나님께서 우리들과 약혼한 관계이기 때문에 부도덕한 행동이나 우상숭배, 또는 단순히 하나님이 아닌 다른 것에서 평안을 찾으려는 그 어떤 행동도 간음으로 취급된다는 사실이다(이사야 1:21; 예레미야 3:6-14; 에스겔 16:28-34; 시편 106:39).

성경은 우리 모두를 간음한 자로 언급한다. 주님의 사도도 세상과의 친분은 곧 간음이라고 말한다(야고보 4:4). 베드로는 우리 눈이 간음으로 가득하다고 언급한다(베드로후서 2:14). 예수님 또한 우리 마음속에 간음의 마음이 숨겨져 있다는 사실을 인정하라고 말씀하신다(마태복음 5:28). 하나님이 누구신지와 그의 귀중한 자비를 망각할 때 우리는 하나님 앞에서 부정했음을 나타내며, 그로 인한 극심한 슬픔을 하나님에게 안겨드리게 된다. 성령님은 우리 행동으로 인해 슬퍼하실 수 있다는 가르침을 바울이 전해 주기 오래 전부터 호세아는 가르치고 있다.

우리가 행한 외도로 인하여 주님은 슬퍼하시지만 그는 변함없이 우리를 사랑하신다. 하나님은 우리가 돌아오기만 한다면 기쁘게 용서해 주신다. 이런 마음이 곧 고멜을 향한 호세아의 마음이었고, 또한 우리를 향한 하나님의 마음이다. 선지자 예레미야를 통해 주님은 자신의 백성에게 창녀와 같은 행동에서 돌이켜 자신의 온전한 용서를 받을 것을 애원하신다. "여호와께서 가라사대 배역한 이스라엘아 돌아오라 나의 노한 얼굴을 너희에게로 향하지 아니하리라 나는 긍휼이 있는 자라 노를 한 없이 품지 아니하느니라 여호와의 말이니라"(예레미야 3:12). 주님은 창녀와 같은 자신의 백성이 집으로 돌아올 것을 요청하신다.

"너는 오직 네 죄를 자복하라 이는 네 하나님 여호와를 배반하고 네 길로 달려 모든 푸른 나무 아래서 이방 신에게 절하고 내 목소리를 듣지 아니하였음이니라… 내가 너희를… 시온으로 데려오겠고"(예레미야 3:13-14).

호세아의 사역과 여호수아의 사역에는 매우 강한 연관성이 있다. 여호수아의 본래 이름은 구원이라는 의미를 가진 히브리어 '호세아'였다. 모세는 그의 이름을 '주님은 구원이다'라는 의미를 가진 '여호수아'로 바꾼다(민수기 13:8, 16). '예수'라는 이름은 히브리어 이름 '여호수아'를 그리스어로 음역한 이름이다. 구원에 나타난 수많은 믿음의 선조들 중 예수님은 '여호수아' 또는 '호세아' 이름에서 비롯되었다. '예수'란 이름이 곧 주 하나님의 구원을 알리는 이름이다! 예수님이야말로 "자기 백성을 그들의 죄에서 구원할 자"이시기에 이 이름이 주어졌다(마태복음 1:21). 하지만 어떤 죄란 말인가? 여호수아와 호세아의 공통점은 두 사람 모두 창녀를 구원한다는 점이다. 여호수아는 과거에 행한 매춘에 대한 불타는 형벌에서 라합을 구했다. 호세아는 자신의 신실한 사랑으로 고멜을 구했다. 그 뿐만이 아닌 호세아는 그녀와 결혼을 한다! 호세아는 청혼을 한다.[6] 예수님의 이름은 예수님께서 여호수아와 같이 창녀를 심판에서 구원하신다는 사실을 내포하고 있다. 그러나 그보다 더욱 위대한 사실은 예수님께서 호세아와 같이 창녀 같은 자기 백성을 배우자로 삼으시겠다는 계획을 담고 있다!

구약 선지자들은 우리를 향한 하나님의 마음을 설명하기 위해 가장 영속적이며, 가장 친밀한, 그리고 무엇보다 가장 즐거운 인간관계인 부부관계를 선택했다. 주님께서 우리를 구하셨으며 우리와 연합하셨으며 우리를 '사랑 받는 자'로 부르셨다. 예수님은 자신의 신부를 찾기 위해 오신 신랑이시다(요한복음 3:29; 에베소서 5:22-29; 요한계시록 21:2). 바울이 부도덕성으로 힘들어하고 있는 고린도 성도들에게 다음과 같이 말할 때 그는 주님의 모든 사역을 호세아 사역에 빗대어 설명한다.

---

6. 여호수아서에서 언급 된 '아골' 골짜기는 하나님의 극렬한 분노를 나타내지만(여호수아 7:26) 그 골짜기가 호세아서에서는 소망의 문으로 변화된다(호세아 2:15).

"내가 하나님의 열심으로 너희를 위하여 열심을 내노니 내가 너희를 정결한 처녀로 한 남편인 그리스도께 드리려고 중매함이로다"(고린도후서 11:2).

창녀와 같은 신부가 다시 처녀와 같이 만들어진다는 사실이다! 이것이 바로 우리의 숙명이다! 우리 과거에 있던 죄가 무엇이든지 간에 주홍같은 죄를 주님께서 눈과 같이 희게 씻으실 것이다. 우리의 대적이 우리에게서 빼앗아 간 그 모든 것을 주님이 회복시키겠다고 약속하신다. 그는 완전한 용서를 제안하신다. 주님은 우리를 죄악으로부터 떨어트려 놓으실 것이다. 동쪽이 서쪽에서 떨어진 것만큼 떨어 트려 놓으실 것이다. 우리의 죄악은 다시는 불리지 않을 것이며 철저하게 잊혀질 것이다. 그 분에게 울부짖는 모두는 온전한 용서를 받게 될 것이다! 어둠 가운데서 빛을 부르시며 무덤에서 생명을 끌어내시는 우리의 하나님께서 창녀와 같은 과거의 모습에서 우리를 순결한 신부로 변화시켜 주실 것이다. 이것이 바로 호세아가 고멜에게 준 놀라우면서도 위대한 약속이다. 이것이 바로 당신을 향한 하나님의 약속이며 복음이다!

간음하다 잡힌 여인 | 요한복음 8:2-11

"예수께서 이르시되 나도 너를 정죄하지 아니하노니 가서 다시는 죄를 범하지 말라 하시니라"(요한복음 8:11).

아침 태양 빛이 머물러 있는 딸아이의 머리카락을 자신의 손가락으로 빗겨주었다. 부모들이 늘 그러듯 그녀도 딸아이의 머리카락을 빗겨주며 생각에 빠졌다. 자신의 딸아이 눈동자에 멋진 남편과 자신이 서있는 모습이 비추었으면하고 그녀는 생각했다. 자신에게 가정을 허락하신 주님의 은혜가 얼마나 놀라운가!

자신이 성전에서 주님과 마주쳤던 이야기를 주님의 사도들이 자주 이야기한다는 사실을 알고 있었다. 그들은 친절하게도 나의 이름이 언급되지 않도록 주의했다. 수치스러운 나의 과거가 잊혀지고 오직 무명의 죄인에게 선포된 주님의 은혜만이 세계에 알려지게 하기 위해서였다. 자신을 향한 우리 주 예수님의 친절함이 많은 사람들에게 알려진다는 사실을 아직도 그녀는 믿을 수 없었다. 수많은 사람들이 자신의 이야기를 통해 소망을 얻는다는 소식에 그녀는 기쁨을 감출 수 없었다.

그 이야기는 유대 절기 때에 이스라엘에 일어난 일에 대한 이야기이다. 집에서 멀리 떨어진 곳에 많은 순례자들이 모여들 때 대부분 부도덕한 일들이 많이 일어난다. 그날 밤 그녀는 모세의 율법을 어겼다. 그녀는 자신의 남편이 아닌 남자와 동침을 했다. 알려진다면 사형이라는 사실을 그녀는 알고 있었다. 그러나 남자의 어루만짐은 유혹적이었다. 곧 그녀는 이 남자가 바로 자신이 찾던 진정한 사랑이며 자신을 결코 떠나지 않을 남자라고 확신했다.

길거리에 떠들썩한 소리가 점점 가까이 들리기 시작했다. 갑자기 수많은 남자들이 쳐들어 왔다. 그녀가 자신의 몸을 가리기도 전에 남자들은 그녀를 붙잡고 밖으로 끌어내었다. 그들은 옷 입을 시간도 주지 않았다. 그녀는 미친듯이 주위를 둘러보며 자신과 사랑을 나눴던 남자를 찾았지만 이미 사라진 후였다. 남자는 이미 도망갔고 어느 누구도 남자를 쫓는데 관심을 가지지 않았다. 수치와 공포 속에서 그녀는 홀로 문밖으로 떠밀렸다.

한 번도 보지 못한 이 남자들이 자신을 어디로 데려가는지 그녀는 알지 못했다. 그러나 그들의 방향이 성전으로 향하고 있는 사실을 깨달았을 때 그녀는 경악했다. 성전에 갈 수 없었다! 정결하지 않기 때문이다. 죄 짓는 현장에서 그녀는 발견되었기 때문이다. 자기 행동에 대한 타당한 핑계거리도 없는 그녀는 돌에 맞아 죽는 처벌을 받게 될 것이다. 자기 자신도 이미 자신을 정죄하고 있었다. 군중의 흥분은 증폭되어 이들의 광기를 그 무엇도 잠재울 수 없는 듯 했다. 그녀는 벌거벗었고 수치심으로 가득했으며 홀로 있었다.

성전에서 가르치고 있던 한 남자에게 아침 해가 황금빛으로 빛나고 있었다. 무리가 남자 주위로 몰려들었다. 여자를 잡아 거칠게 끌고 오던 남자가 성전에서 가르치던 선생 발 앞에 여자를 던졌다. 그녀는 선생이라는 남자의 얼굴도 보지 못할 정도로 수치심으로 가득했다. 그녀는 땅만 바라보며 흐느끼고 있었다. 바로 이 사건의 주인공이지만 그녀는 주위에 들려오는 소리로만 무슨 일이 있었는지 기억할 수 있었다.

"선생이여 이 여자가 간음하다가 현장에서 잡혔나이다. 모세는 율법에 이러한 여자를 돌로 치라 명하였거니와 선생은 어떻게 말하겠나이까?"

선생이 답변하기도 전에 성전에 있던 서기관과 바리새인은 사형이란 판결을 외쳤다. 그리고 주위에 있던 군중들은 여자를 향하여 큰 소리로 욕하며 던질 돌을 모으고 있었다. 그녀는 몸을 가다듬을 수 없었다. 그녀는 철저하게 혼자였고 버려졌다.

그녀는 선생이라는 이 남자가 지금 자신을 정죄하고 있는 똑같은 종교 지도자들에 의해 죽임을 당하게 될 것이라고 그 때에는 생각지 못했다. 자신을 향해 욕하고 있는 똑같은 군중들이 그 남자를 향하여 욕하며 정죄하게 될 것이라고 그녀는 전혀 상상조차 할 수 없었다. 그 남자도 벌거벗은 채 수치와 비난을 당할 것이다. 그 남자 또한 철저하게 홀로 남겨질 것이며 버려질 것이다. 그녀는 이 사실을 성전 바닥에서 울고 있을 때에는 알지 못했다. 그녀는 비난자들로 둘러 싸였다. 오직 이 선생만이 판결을 내리지 않았지만 선생이 비난한다 해도 그 결정은 정당한 결정이다.

선생은 얼마동안 조용히 있었다. 그러자 곧 남자의 그림자는 모래 바닥 위에 짧게 늘어졌다. 선생은 그녀를 향해 몸을 굽혔다. 그녀는 다른 곳을 보기가 두려워 바닥만 쳐다보고 있었다.

선생은 그녀를 비난하지 않고 땅에 무엇인가를 적었다. 모두가 조용히 그 글귀를 쳐다보고 있었다. 그 때 선생이 갑자기 허리를 굽힌 것처럼 갑자기 다시 일어났다. 그리고 군중들을 향해 다음과 같이 말했다.

"너희 중에 죄 없는 자가 먼저 돌로 치라!"

그녀는 울부짖었다. 자신을 죽이기 위해 날아오는 돌들을 맞이하기 위해 그녀는 자신을 움켜쥐었다. 선생은 이스라엘에서 가장 거룩한 자들을 그녀의 사형집행을 위해 초대했다. 이스라엘의 종교적 지도자들은 그녀의 죽음을 통해 모세의 율법을 지키려고 했다. 그녀는 이생에서 정죄를 받았고 죽고 난 후에도 하나님의 진노를 피하지 못할 것이다.

선생은 또 다시 허리를 굽히고 앉아 모래 위에 글을 썼다. 그가 다시 일어났을 때 선생은 군중과 여자 사이에 서 있었다. 마치 돌이 날아오는 길을 자신의 몸으로 막고 서 있는 듯했다. 그녀를 완벽히 가리기 위해 자신의 몸을 주는 듯했다.

그녀는 자기 주위로 돌들이 차례대로 땅에 떨어지는 소리를 들었다. 자신을 정죄하던 자들이 들고 있던 돌을 떨어트리고 천천히 성전 뜰을 나가고 있었다. 드디어 그녀는 용기를 내어 올려다보았다. 그리고 그녀는 예수님과 홀로 남겨졌다는 사실을 깨닫게 되었다.

"여자여 너를 고발하던 그들이 어디 있느냐 너를 정죄한 자가 없느냐?"

"주여 없나이다." 그녀는 바라보며 대답했다. 예수님은 어떤 결정을 내리실까?

"나도 너를 정죄하지 아니하노니 가서
다시는 죄를 범하지 말라."

그 날 그녀는 용서를 받아 성전을 떠났다. 그녀에게 새로운 소망과 삶이 주어졌다. 그녀가 받은 은혜는 상상할 수도 없는 은혜였고 간구할 수도 없는 은혜였다. 그녀가 믿었던 남자의 사랑은 그날 밤, 가장은 어두운 밤에 그녀를 버리고 떠났다. 하지만 이 날 아침 빛 아래에서 찾은 사랑은 영원하다는 사실을 그녀는 알 수 있었다. 그녀는 정결하지 못한 상태로 성전에 들어왔다. 그러나 그녀는 순결한 상태로 성전을 떠났다. 새로운 삶의 시작이다.

의로운 자, 또는 순결한 자와 동일시할 때보다 낮은 자, 또는 간절한 자와 동일시할 때 성경에 대한 가장 의미 있는 통찰력을 가질 수 있다. 우리가 세리의 눈, 창녀의 눈, 나환자의 눈, 귀신들린 자의 눈, 그리고 노쇠하고 불결한 자의 눈을 통해 예수님을 바라보았을 때 예수님은 우리에게 소중한 분으로 나타난다. 우리 죄에 대한 깊은 인식 없이는 볼 수 없는 예수님의 모습이다. 예수님의 구원과 그의 사랑이 그 어느 때보다 경이롭게 나타난다. 가장 절박한 순간에 예수님은 우리의 전부가 되시기 때문이다.

일반적으로 우리가 온전히 거룩할 때만 예수님께서 우리를 사랑하신다고 생각한다. 마치 예수님이 보시기에 의로운 모습으로 자기 자신을 만들어 나아갈 때 우리를 향한 그의 사랑은 더욱 풍성해 진다고 생각한다. 그러나 예수님은 우리의 죄를 우리보다 더욱 잘 아신다. 그럼에도 불구하고 그는 우리를 사랑하신다.

인생은 우리가 예상한대로 흘러가지 않는다. 간음하다 잡힌 여인 또한 자신의 행동이 들어날 것을 전혀 예상하지 못했다. 또한 수많은 사람들 앞에서 공개적으로 비난받게 될 것을 전혀 예상하지 못했다. 그녀의 비밀스러운 부분이 드러났고 잔혹한 처벌의 주인공이 되었다. 하지만 그녀를 정죄한 모두는 위선자였다. 그 누구도 그녀에게 돌을 던질 수 없었기 때문이다. 그리고 바로 이들의 모습이 우리의 모습 아닌가? 만일 우리가 그 군중에 속했다면 과연 누가 돌을 던질 수 있었을까? 우리 모두 죄인이다. 우리 또한 돌을 떨어트리고 비난으로부터 도망치지 않았을까? 만일 우리의 비밀스러운 죄가 공개된다면 거룩한 성전에서 수치심 없이 서 있을 수 있는 자가 있겠는가?

"너를 고발하던 그들이 어디 있느냐? 너를 정죄한 자가 없느냐?" 예수님께서 물으신다. 우리 중 많은 자들이 인생에서 공개적인 비난을 받아 보았겠지만 죄인을 향한 다음과 같은 예수님의 말씀은 위대한 약속이다. "나도 너를 정죄하지 아니하노니 가서 다시는 죄를 범하지 말라!" 이것이 은혜이다. 이것이 삶을 변화시키는, 생명을 주는, 삶을 새롭게 하는 은혜이다. 예수님께서는 우리가 마땅히 맞아야 할 돌들 앞에 서시겠다고 약속하신다. 예수님께서 보이신 사랑에 대한 위대한 확증이다!

여인과 함께 간음했던 남자는 어둠 속으로 도망쳤다. 그녀가 홀로 심판 받도록 버려두었다. 그러나 예수님은 우리를 결코 홀로 남겨두시지 않으신다. 그는 우리를 떠나지 않겠다고, 우리를 버리지 않겠다고 약속하셨다. 그는 우리가 받아 마땅한 형벌을 받으셨다. 그리고 우리가 받아 마땅한 죽음의 심판으로부터 우리를 보호하신다. 예수님께서 보내신 성령님을 통해 우리를 죄로부터 자유롭게 하시며 은혜로 새로운 삶을 살게 하신다.

할렐루야! 위대한 구원자이시다!

할렐루야! 위대한 구원자이시다!

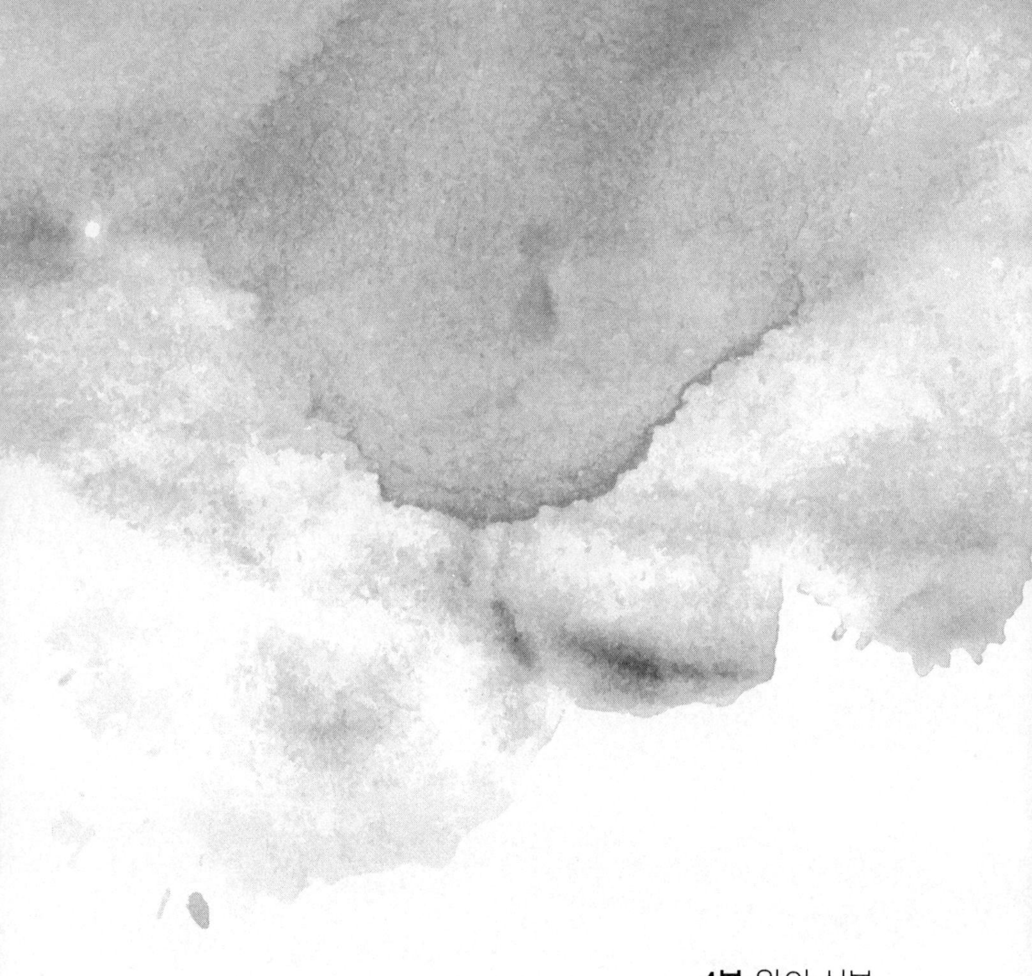

4부 왕의 신부

다윗이 선택한 왕비

솔로몬 왕의 신부 술라미

페르시아의 왕비 에스더

신부된 도시 새 예루살렘

다윗이 선택한 왕비[7] | 시편 45편

"그러하면 왕이 너의 아름다움을 사모하실지라…"(시편 45:11).

옛날 옛적 한 왕실 일꾼은 예루살렘 왕실을 나와 고라 자손을 찾아갔다. 성전 제사장이자 시인인 그들에게 왕의 결혼식에 사용할 대관식 찬양을 요청하기 위해서 였다. 왕실 사람 모두 이 시인들만이 다윗 후손의 왕비로 선택된 여인의 아름다움을 표현할 수 있다고 확신했다. 오직 성령님의 영감을 받은 이 시인들만이 대관식에 맞는 영광스러운 단어들로 아름답게 표현할 수 있기 때문이다.

이로써 시인이자 제사장인 그들은 왕실로 초대되었다. 왕이 제공한 곳에서 공주가 시녀의 도움을 받아 결혼을 준비하는 동안 시인들은 그

---

7. 시편 45편은 다윗 왕조 왕들을 위한 대관식 찬양이다. 또한 왕비들의 계승을 축하하기 위한 찬양이기도 하다. 한 쌍을 위한 것이 아닌 제시 가문에 속한 모든 왕족을 위한 시이다. 예언적 측면에서 살펴본다면 다윗 왕조의 왕권이 그리스도와 그의 신부에게 계승 될 것을 예견하고 있다. 시가 그려내고 있는 예루살렘의 왕비는 참으로 장엄하다. 이런 왕비의 전형적인 특징을 바로 우리가 고라 자손 시에 나타난 다윗 왕조 왕들의 신부 이야기를 통해 파악하려한다.

녀의 아름다움을 목격했다(시편 45:14; 요한계시록 21:2). 그녀가 일
어서자 고라의 자손들은 그녀의 조각같은 아름다움에 감탄했다. 장인
의 손길이 가득한 그녀의 흰 리넨 가운은 다양한 색으로 놓은 수와 금
실로 만들어졌다. 그녀의 모습은 소중한 보석들과 가장 순결한 오빌의
금 장신구들로 꾸며졌다(시편 45:9-13). 왕자가 씌워줄 작은 왕관을
맞이할 수 있도록 그녀의 머리는 약간은 부족하지만 영광스럽게 꾸며
졌다.

공주의 시녀가 방 밖으로 나가자 공주는 이제 곧 있을 일들을 상상했
다. 그녀는 이제 왕인 자신의 남편과 함께 그의 왕실에 모인 모든 백성
들 앞에 서게 될 것이다(시편 45:9). 그녀는 왕자인 자신의 남편을 온
전하게 만들 것이다! 남편은 흰색과 붉은 색의 띠를, 그리고 신부는 흰
색과 금색 띠를 둘렀다! 먼 나라 고관들과 이방 왕의 여인들이 찾아와
그녀에게 호의를 얻기 위해 보물을 선물할 것이다(시편 45:12). 그러
나 그녀의 눈은 오직 자기 옆에 서 있는 남편만을 바라 볼 것이다.

그녀의 남편은 수많은 사람 중 가장 뛰어나다(아가5:10). 주님께서
은혜와 기쁨으로 기름부어 주셨기에 그는 왕의 목소리로 선포한다(시
편 45:3). 그의 옷자락에서 풍기는 몰약과 알로에 향기는 왕실을 가득
채우며 상아로 꾸며진 모든 방에 스며든다(시편 45:8). 남편은 오늘 자
기 위력의 상징인 의장검을 허벅지에 찼다(시편 45:4). 진리와 온유를
위해 자신의 흰 군마에 올라 탄 왕자의 눈부신 모습을 공주는 회상했다
(시편 45:4; 요한계시록 19:11). 그의 군대는 나가 정복하지 못한 날
이 없다. 그들은 억압당하는 자들을 구하였고 원수들과 싸워 승리했다.
이런 용사가 오늘은 적군들의 왕 앞에 서지 않고 그가 사랑하는 여인
앞에 자신의 백성들의 찬양을 받으며 왕홀을 들고 서있다(시편 45:5-

6).

왕은 왕비의 아름다움에 흠뻑 빠져(시편 45:11) 종들에게 명령하니 다윗 왕조를 기쁘게 하는 음악이 현악기에서 흘러나온다(시편 48:8). 공주는 자신의 남편에게서 작은 왕관을 받기 위해 무릎을 꿇는다. 잠시 동안 그녀는 하나님께서 어떻게 자신이 흘린 과거의 눈물을 오늘과 같은 영광스러운 날로 바꿔 주셨는지 기억한다. 그녀는 자기 가족이 어떻게 자신을 학대했는지 본토 집에서 겪은 아픔을 회상한다. 그녀는 자기 형제와 자기에게 아픔을 준 모두를 기억한다(시편 45:10). 그러나 그녀의 슬픈 기억은 자신을 향한 왕자의 사랑에 의해 완전히 잊혀지게 된다. 그녀의 친족들도 자신이 왕과 낳을 고귀한 왕자들에 대한 생각으로 잊혀진다. 그녀는 자신의 아들들을 유다의 젊은 사자들이라고 부를 것이다(시편 45:16).

왕관을 쓴 왕비로서 그녀는 일어나 왕 오른편에 서게 된다. 주님의 은총을 받은 남편은 자기의 다정한 사랑을 받는 신부와 함께 다윗에게 주어진 확실한 모든 은혜를 물려받기 위해 영광스러운 모습으로 나타난다.

다윗 왕조에 속한 모든 신부 이야기는 그리스도인에게 일어날 미래에 대한 이야기이다. 우리는 유다의 홀과 제시 자손에게 주어진 언약을 가지신 주님과 약혼한 사이이다. 우리는 다른 누구도 아닌 이스라엘의 다윗 왕조를 물려 받을 가장 고귀한 왕자와 약혼을 했다!

영원한 영광의 아들과 결혼한다는 것이 무엇인지 상상해 보라. 당신의 주님은 영원하신 하나님이시다! 그 분은 세상을 창조하신 분이다! 하나님의 아들이시며 만물의 창조주, 그리고 구원자 되시는 분이 여러분의 영원한 동반자가 되신다! 그는 자신 입술에서 선포된 말씀으로 세상을 창조하셨지만 자신의 마음을 담은 사랑 노래로 우리를 구원하셨다! 그의 모든 능력과 지혜는 우리의 새로운 모습으로 완벽하게 드러날 것이다.

결혼식을 상상해 보라! 예수님께서 삼위일체가 누리는 그 사랑을 여러분들에게 친밀하게 드러내실 그 때를 상상해 보라(요한복음 17:26)! 그 위대한 날 우리는 결혼식을 위해 예복을 입게 될 것이다. 우리의 죄악을 대신할 불멸이란 옷을 입어 죽음이 사라질 것이다(고린도전서 15:54). 주님은 이미 당신이 입게 될 구원의 옷을 준비하셨다(이사야 61:10). 깨끗하고 빛나는 공의의 흰 겉옷으로 여러분의 아름다움을 발산하도록 주님은 예비하셨다(요한계시록 19:7-8). 이 때를 위해 우리도 준비해야 한다. 우리는 연민과 더불어 친절, 겸손, 그리고 온유와 인내의 마음가짐으로 준비돼야 하지만 그보다 주님이 기뻐하시는 온전한 화합을 이루는 사랑의 마음가짐을 준비해야 한다(골로새서 2:10-14). 그 때에 여러분의 아름다움은 의로움, 거룩함, 그리고 진리로 더욱 아름답게 꾸며질 것이다(에베소서 4:24). 영원한 보상으로 주어진 성전이란 여러분의 몸은 금, 은, 그리고 소중한 보석으로 장식될 것이다(고린도전서 3:12).

그 날에 주님은 당신을 아버지의 손에서 넘겨받게 될 것이다. 주님은 다윗의 자손 그 어느 누구보다 더욱 거룩하고 아름다운 모습으로 당신 앞에 서게 될 것이다. 주님의 손과 발에 난 상처는 당신 눈에 사랑스럽게 보일 것이며 찔린 주님의 옆구리는 당신을 향한 그의 영원한 사랑의 아름다운 상징으로 보일 것이다. 그가 풍기는 몰약과 알로에 향기는 당신이 영광스럽게 빛나게 하기 위해 주님이 당하신 고난을 영원히 기념하게 할 것이다.

당신을 위해 심판의 백마를 타고 진홍색에 빠진 듯한 옷을 입고 오시는 주님을 보라! 왕관을 머리에 쓰신 예수님은 흰 옷을 입고 백마를 탄 하늘의 군대를 이끌고 오신다(요한계시록 19:11, 14). 그는 사랑스러운 신부인 당신을 위한 뜨거운 열정을 가지고 불꽃같은 눈동자로 오신다(요한계시록 19:12). 그 분이 당신을 위해 어떻게 싸우셨는지 기억해 보라. 그는 오래된 뱀, 곧 거대한 용으로부터 당신을 구하기 위해 하늘에서 내려오셨다(요한계시록 12:3; 20:2, 10). 당신을 해치는 그 모든 것으로부터 당신을 구하기 위해 잠자고 있던 진노의 칼을 깨워 정의의 보좌에서 내려오셨다. 자신의 지혜로 이 위대한 전쟁에서 그는 승리하셨다. 당신을 위해 억압하는 자들을 억압하셨다. 당신을 위해 교활한 자들을 교활하게 이기셨다. 상처 난 어린 양이 거대한 붉은 용을 파멸시킬 것이라고 그 어느 누가 상상했을까? 이제 그의 전투는 끝났고 승리한 왕은 남편으로서 당신 곁에 서 계신다!

그 때에 기쁨의 찬양이 하늘에 울려퍼질 것이며 그 어떤 울부짖음도 들리지 않을 것이다. 당신의 주님은 나타난 당신의 아름다움에 푹 빠질 것이다. 그리고 당신은 그 분 앞에 무릎 꿇고 영원한 영광의 왕관을 받게 될 것이다(베드로전서 5:4). 과거의 모든 아픔은 남편이 주는 사랑으로 잊혀질 것이며 당신은 그 남편 오른편 자리를 차지하게 될 것이다. 당신의 빛나는 아름다움은 빛이신 주님의 영광을 보필해 새로운 피조물을 온전케 할 것이다. 함께 하늘의 유업을 누리게 될 것이다.

주님께서 당신을 위해 준비한 하늘의 영광은 이 땅에서 꿈꾸는 그 어떤 것과도 비교 될 수 없다. 주님이 당신에게 주시는 결혼 선물은 하늘과 땅, 그리고 새로운 피조세계의 다이아몬드 도시이다. 어린 양의 혼인 잔치에서 여러분은 가장 달콤한 포도주를 맛보게 될 것이다. 그 때에 주님께서 자신을 당신에게 드러내 보이실 것이다. 그 때에 어두움이 아닌 영원한 그의 빛 안에서 즐거워하게 될 것이다.

솔로몬 왕의 신부 **술람미**[8] | 아가 1-8장

"사랑은 죽음 같이 강하고"(아가 8:6).

한 때 술람미는 아름다웠지만 지금은 형제의 난폭함으로 인해 알아보지 못할 정도로 아름다움이 망가졌다. 자신의 친 형제들이 분노하여 술람미를 뜨거운 태양 아래에서 오랜 시간동안 일하도록 밖으로 내쫓았기 때문이다(아가 1:6). 불 같은 열기가 가득한 여름을 노동으로 보내 그녀의 피부는 검고 메말랐다(아가 1:5). 그녀의 머리카락은 푸석거렸고 그녀의 얼굴은 해골처럼 살이 없었다. 술람미가 행복했던 때 만났던 사람들은 현재의 모습을 보며 놀라움을 감추지 못했다(아가 1:6). 술람미는 자신의 모습을 베일로 가리고 싶었지만 망설였다. 그녀의 도시에서는 창녀들이 베일로 자신을 가렸기 때문이다(아가 1:7). 하지만 결과적으로 술람미는 수치심으로 자신을 베일로 싸고 말없이 다녔다. 그녀의 안색은 어두웠고 얼굴은 베일로 가려졌다. 한 때 그녀는 매우 아름

---

8. 술람미는 아가서에 나타나는 솔로몬의 사랑을 받는 여인의 명칭이다. 그녀의 이름은 솔로몬의 여성형이며 히브리 단어 '평화'(shalom)에 뿌리를 두고 있다.

다웠지만 이제 어느 누구도 아름답게 보지 않았다.

그러나 어느 날 갑자기 한 남자가 그녀를 찾아왔다. 술람미가 그 남자를 처음 보았을 때에는 목자가 입는 단순한 복장을 하고 있었다(아가 2:16). 그러나 두 번째로 목격했을 때에는 목자였던 그 남자가 왕의 모습으로 찾아왔다(아가 3:6-11). 그는 다윗의 자손, 예루살렘 왕자의 모습으로 찾아왔다. 그는 육십 명의 용사들이 따르는 가운데 시골 길을 지나가고 있었다. 그는 레바논 최상의 나무로 만든 왕실 마차를 타고 있었다(아가 2:9-10). 그가 술람미를 발견하자 마차를 멈추었다. 술람미는 그가 다가오는 것을 지켜보고 있었다. 그는 건강하고 멋진 남자였다. 그가 걸친 옷에서는 봄 향기가 풍겼다. 그가 술람미의 베일을 들어 올리자 그녀는 수치심과 겸허한 마음으로 아래를 내려다 보았다. 그러자 그 남자는 다음과 같이 그녀에게 속삭였다.

"내 사랑 너는 어여쁘고도 어여쁘다 너울 속에 있는 네 눈이 비둘기 같구나" (아가 4:1).

술람미는 생각했다. "이런 어두운 눈을 보고 뭐가 아름답다는 거지? 수치심으로 가려진 나의 모습을 아름답게 봐주다니!"

그 왕자는 자신의 모든 사랑을 그녀에게 쏟았다.

그 왕자의 모습은 뛰어났다. 그는 마치 풍성한 사과나무와 같았다(아가 2:3). 그의 열매가 붉게 익을 때 그녀는 그의 열매를 맛볼 수 있을 것이다. 그 왕자는 그녀를 자신의 그늘로 초대해 앉게 했다. 그렇게 그는 뜨거운 태양 열기로부터 술람미를 보호했다. 그의 나무 아래에서 쉼을 얻은 술람미는 조금씩 자신의 아름다움을 회복했다. 그녀의 안색은 돌아왔고 왕자를 사로잡은 그녀의 모습 또한 사랑으로 가득 찼다. 그 남자는 그녀를 연회장으로 데려갔다. 그는 자신의 친구들 앞에서 깃발을 세워 술람미의 아름다움을 사랑으로 축하했다(아가 2:4-5).

가혹한 여름과 가을을 지나 겨울도 끝을 맺었다. 이른 봄비도 이미 그쳤다(아가 2:10-13). 이제 사랑의 계절이다. 사랑할 때가 도달했다.

술람미는 자신의 결혼식 날을 간절히 기다리고 있었다. 그녀의 영혼은 자신이 사랑하는 한 남자를 간절히 그리워했다. 그러나 어느 날 밤 술람미는 사랑하는 사람을 잃는 꿈으로 조바심을 가지게 된다(아가 5:6). 그날 밤 걱정하며 일어난 그녀는 사랑하는 자를 찾기 위해 예루살렘 거리를 돌아다녔다. 그녀는 도시의 거리와 광장을 뛰어다녔다. 사람들은 밤 도시를 뛰어다니는 그녀를 보며 무모하다고 무시했다. "내가 일어나서 성중으로 돌아다니며 마음에 사랑하는 자를 거리에서나 큰 길에서나 찾으리라 하고 찾으나 만나지 못하였구나!"(아가 3:1-3).

소용없음을 깨닫자 그녀는 그 남자의 위대한 아름다움을 회상했다. 다윗의 후손인 그는 상상할 수 없을 만큼 건강하고 멋졌다. 그녀의 기억 속에 그는 잘 생긴 나무와 같았다. 그의 머릿단은 주렁주렁 달린 야자수 나무와 같았다. 그의 입술은 몰약나무처럼 달콤함이 흘렀다. 그의 손은 진한 포도주색의 석류석으로 꾸며져 있었고 그의 복부는 적청색이 흐르는 정맥처럼 진보라색의 광석으로 꾸며 있었다. 그의 모습은 향나무와 같이 위풍당당했고 그의 발은 발받침에 놓여 있었다(아가 5:10-16).

술람미의 꿈 속에서 그는 자신의 동산으로 내려가 양떼들과 함께 누웠다. 그는 발삼나무 침대 위에서 깊이 잠들었다(아가 6:1-3).

예루살렘 여인들이 그녀에게 묻는다. "너의 사랑하는 자가 어디로

갔는가? 너의 사랑하는 자가 어디로 돌이켰는가?" 술람미는 사랑하는 자가 양 떼들과 함께 누워있다는 사실을 알고 있다. 또한 그의 사랑은 죽음보다 강하다는 사실을 알고 있다. 자신의 꿈에서 그녀는 그 남자가 깨어나는 것을 목격한다. 그가 동산에서 일어나 술람미를 위해 백합화를 모을 때 술람미는 그를 붙잡는다(아가 6:1-3).

　어두운 밤이 지나는 동안 술람미는 확신했다. 자신은 그 분의 사랑을 받는 자이며 그가 사랑하는 자는 자신이라는 사실을 그녀는 확신했다(아가 6:3). 술람미는 기쁨의 동산이기에(아가 6:3) 왕자는 그녀를 원했다(아가 7:10). 그녀는 자신의 향기가 예루살렘에 있는 다윗의 자손을 깨우길 바라는 마음으로 북풍과 남풍을 불렀다(아가 4:16). 이들의 사랑 이야기를 작곡한 시인은 남자의 동산에서 선택한 과일을 가지고 연인을 만찬에 초대한다. 그녀가 시인의 노래를 기뻐하며 듣고 있을 때 시인은 다음과 같이 노래한다!

"나의 친구들아 먹으라 나의 사랑하는 사람들아 마시고 많이 마시라!"(아가 5:1).

술람미의 사랑 노래는 여러분을 위해 만들어졌다. 그녀와 같이 여러분도 예루살렘의 왕, 다윗의 자손과 결혼을 약속했다. 그러나 여러분의 아름다움은 술람미보다 더욱 망가지고 말았다. 여러분의 외적 아름다움 뿐만 아니라 영혼의 내적 아름다움까지 잃어버리고 말았다. 여러분의 마음은 죄로 인해 검게 칠해졌고 여러분의 진정한 모습은 욕정과 거짓으로 가려졌다. 여러분의 외적, 그리고 내적 아름다움이 회복되기 위해선 솔로몬의 지혜보다 더욱 위대한 지혜가 필요하다.

그러나 예기치 못하게 그 남자가 찾아왔다. 다윗의 진정한 자손이자 하늘의 왕자이신 분이 찾아왔다. 그 분은 화려하게 오시지 않고 겸손하게 오셨다. 선포라는 미련한 방식으로 오셨다(고린도전서 1:21). 당신을 그가 보자 그 분은 당신에게로 다가오셨다. 그 분은 당신의 베일을 벗기시고 자신의 사랑으로 변화 될 당신의 모습을 그려내셨다. 그 분은 회복된 당신의 영혼과 육체의 아름다움을 보셨다.

그는 자신의 사랑을 여러분에게 주시기로 결정하셨다. 당신을 먼저 사랑하신 그 분을 어떻게 사랑하지 않을 수 있겠는가?

신앙을 처음으로 가지게 된 여러분은 술람미와 같이 다윗 자손의 아름다움을 경이롭게 감탄하며 높였다. 세상은 그에게서 고운 모양이나 그 어떤 아름다움도 보지 못했지만(이사야 53:2), 여러분의 눈에는 그 어떤 자보다 아름답게 보였다. 사실 이상하게도 그는 마치 나무와 같아 보였다. 그의 머리는 가시로 둘러싸였고 그의 입술은 이렇게 한 자들을 용서해 달라고 울부짖었다. 그의 양손은 진한 포도주 색의 자비의 향유를 흘리고 있었다. 그의 복부는 진보라 색의 멍으로 된 수많은 줄무늬가 보였다. 그의 발은 발받침 위에 못이 박힌 채 고정되어 있었다. 그의 몸은 으깨지고 붉어졌지만 그의 형체는 위엄을 잃지 않았다.

아름다운 신부들이여, 당신의 신랑은 어디로 옮겨졌는가(요한복음 20:13)? 그는 자신의 나무에서 내려져 가까운 동산 무덤에 눕혀졌다. 그의 쉼터는 몰약과 향유, 그리고 알로에로 죽음의 향기로 가득했다.

그러나 슬픔의 시간은 곧 지나갔다. 버림받는 겨울은 끝이 났다. 이른 비가 땅을 적시고 물러났다. 이제 사랑의 계절이 왔다.

다윗의 자손 또한 동산에서 깨어났다. 그의 사랑은 죽음보다 강했다. 그는 당신의 아름다움을 회복시키기 위해 슬픔과 수치를 당했다. 당신과 영원히 함께하는 기쁨을 위해 그는 부끄러움을 참으시고 십자가에서 고난받았다.

예기치 못한 때에 그가 여러분을 찾아 오셨다. 여러분의 아름다움은 죄의 상처와 죽음의 베일로 가려져 있었지만 상처에 그가 입 맞추자 당신을 둘러싼 죽음의 저주는 풀리고 말았다. 이런 어둠 속에서 아름다움을 발견의 그는 누구인가! 이제 그는 하나님의 저주라는 뜨거운 열기 아래에서 당신과 함께 서 있다. 그가 달린 십자가 아래 그늘에서 매일 당신의 아름다움은 회복되고 있다. 그의 사랑은 당신에게 있는 모든 티나 주름을 제거하실 것이다. 그는 여러분 안에서 마지막 결혼식에 온전히 회복될 아름다움을 보았기 때문이다(요한계시록 21:2).

타락으로 인해 모든 것을 잃어버린 비극적 인생에서 바라던 자신의 남편은(창세기 3:16) 여러분을 향한 구원이라는 희극으로 얻게 되었다. 그가 여러분을 사모하기 때문이다(아가 7:10). 그가 여러분을 사랑하며 여러분을 사랑하는 자는 영원히 여러분의 소유이다!

이제 그가 여러분을 자신의 잔치상에 초대한다. 그는 자신의 피와 살을 빵과 포도주로서 제공한다. 여러분을 위한 그의 깃발에는 '사랑'이라 적혀있다. 이제 그의 아버지의 말을 들어보아라! 여러분을 위해 사랑하는 마음으로 노래를 만든 분이 여러분을 잔치로 초대하며 다음과 같이 노래한다.

> "나의 친구들아 먹으라
> 나의 사랑하는 사람들아 마시고 많이 마시라!"

"왕후 에스더가 뜰에 선 것을 본즉 심히 사랑스러우므로 손에 잡았던 금홀을 그에게 내미니 에스더가 가까이 가서 금홀 끝을 만진지라"(에스더 5:2).

왕후 에스더는 자기 방 책상에 앉아 선언문을 바라보고 있었다. 그녀의 사촌 모르드개는 최근에 왕국 고관으로 임명 받았다. 그와 함께 에스더는 바로 이 중요한 선언문을 위해 많은 시간을 보냈다. 그리고 드디어 완성되었다. 선언문은 최근에 일어난 유대인 해방을 매년 이틀 동안 왕국 전체가 축제로 기념할 것을 지시하고 있다(에스더 9:29-32). 에스더는 미소를 지으며 아하수에로 왕의 옥새를 선언문에 찍었다. 이 선언문은 수사 왕국을 출발하여 메디아와 페르시아 왕국에 속한 127개 도시에 전달되게 된다. 왕인 그녀의 남편이 소유한 제국은 인도에서 에

---

9. 에스더의 히브리어 이름은 '하닷사'이다(2:7). '도금양 나무'라는 뜻을 가지고 있다. 그녀의 페르시아 이름의 어원이 바벨론 샛별의 여신 '이슈타르'라는 사실을 통해 그 당시 이방 문화에 흡수 될 수밖에 없었던 어려운 상황을 엿볼 수 있다. 모르드개는 바벨론 창조의 신 '마르둑'의 이름이 문화 변용을 거친 이름인 듯하다.

티오피아까지 알려진 세상 전체로 뻗어있다. 그녀의 선언문은 먼저 제국의 다양한 언어로 번역되어야 하겠지만 구원을 베푸신 하나님에 대한 기쁜 소식은 곧 땅끝까지 퍼지게 될 것이다.

선언문을 봉인한 후 에스더는 자기 손에 끼어진 옥새가 새겨진 반지를 자세히 살펴보며 반지의 아름다움과 권위에 감탄했다. 그녀의 남편은 이 반지를 아각 사람 하만에게서 압수해 모르드개에게 주었다. 하만은 이 반지를 가지고 유대인를 학살하려 했기 때문이다. 에스더는 아직도 하나님 섭리에 대해 놀라워하고 있었다. 하나님께서는 그의 백성을 하만으로부터 구출하셨다. 비록 그의 백성 대부분은 메대 제국 곳곳에 흩어져 있지만 아직도 이 세상을 하나님께서 주관하고 계시다는 사실을 이번 일을 통해 입증해 보여 주셨다.

에스더는 추방당한 유대 부부에게서 태어났지만 부모는 그녀가 어릴 적에 돌아가셨다. 시편에서 다윗은 우리 육신의 부모가 우리를 버릴 때 주님께서 책임지신다고 찬양한다. 에스더는 그 말이 참이라는 사실을 잘 알고 있었다. 그녀의 부모가 세상을 떠나자 아버지의 조카인 모르드개가 그녀를 데려가 키웠다. 비록 그들은 추방당해 낯선 땅에서 살고 있지만 모르드개는 그녀를 유대인 관습으로 양육했다.

하나님께서는 고아가 된 에스더를 다양한 방식으로 은혜를 베푸셨다. 그 중 하나는 그녀의 아름다움이었다. 그녀의 미모는 마을에서 최고였다. 따라서 그녀는 위대한 왕의 마음을 사로잡을 여인이 될 수 있는 기회를 얻게 되었다. 그녀는 제국 전체에서 선발 된 많은 여인들과 경쟁하게 되었다. 12개월 동안 그녀는 준비했다. 에스더는 왕을 매료시키기 위해 자신의 몸에 몰약과 향유를 부었으며 다양한 화장품을 사용했다. 결과적으로 왕은 에스더를 자신의 아내로 선택했다. 그녀는 왕국에서 가장 아름다운 여인으로 세상에 알려진 것이다.

나라에 수많은 여인들 중 왕이 자신과 사랑에 빠졌다는 사실에 에스더는 아직도 놀란다. 이스라엘의 주 하나님께서 그녀의 아름다움을 사용하여 자신의 백성들을 죽음에서 구원하셨다. 나라의 시간과 계절을 움직이시며 세상 곳곳에 흩어진 자신의 백성을 구원하시는 하나님께서 하찮은 유대 여인에게 주신 아름다움을 구원의 방편으로 사용하실 줄 누가 알았겠는가?

왕의 오른팔로서 스스로 권력을 가지려는 하만의 악한 계획을 뒤집기 위하여 하나님께서는 에스더를 왕후로 길러내셨다. 하만은 에스더가 속한 민족을 매우 혐오했다. 그는 메대와 페르시아 전 지역에 사는 유대 민족을 말살하려는 음모를 꾸몄다. 심지어 그는 유대인을 죽이라는 번복 불가능한 칙령을 왕으로부터 받아냈다. 에스더는 당시 소식을 듣고 절망감으로 가득했던 때를 아직도 생생히 기억한다. 그녀 또한 법령에 의해 죽게 될 사람들 중 한 명이었다. 에스더는 속수무책이었다. 이 문제에 대해 자기 남편에게 문제를 제기할 수 없음을 알았다. 왕이 수일 동안 그녀를 부르지 않았기 때문이다. 왕실 법에 의하면 초대 받지 못한 자가 왕을 찾을 경우 사형에 이를 수 있다.

그러나 모르드개의 메시지를 들은 에스더는 용기를 내어 자신의 태도를 바꿨다. 믿음으로 에스더는 자기 민족을 위해 자신의 생명을 거는 모험을 하기로 결정했다. 그녀는 자기 민족의 구원을 위한 탄원을 하기 위해 자신을 초대하지 않은 왕 앞에 서기로 결심했다. 에스더는 유대인들에게 삼 일 동안 금식하며 기도해 줄 것을 요청했다. 찾아온 자신을 왕이 은혜의 눈빛으로 봐줄 수 있도록 자신을 대신해 하나님께 기도할 것을 요청했다.

금식과 기도로 첫째 날이 지났다. 그리고 둘째 날도 지났다. 셋째 날, 에스더는 자신의 방에서 나와 백성의 탄원을 듣기 위해 왕이 앉아 있는 안뜰을 향해 발걸음을 옮겼다. 도착하자 그녀는 문 앞에서 망설였다. 마지막으로 그녀는 기도했다. 자신의 목숨은 하나님 손에 달렸다는 사실을 그녀는 알고 있었다. 그러나 오늘은 자신의 목숨만이 아니었다. 에스더와 더불어 온 민족이 멸망할 수도 있고 아니면 하나님의 도움으로 이 사흘 째 되는 날이 구원의 날이 될 수도 있다. 결의 다진 왕후 에스더는 무장한 경호원에게 문을 열 것을 명령했다. 그리고 그녀는 자신을 초대하지 않은 왕 앞에 섰다.

침묵이 방 안을 감쌌다. 왕조차도 당황해 했다. 그러나 출입구에 서 있는 왕후를 왕이 바라보자 왕의 마음은 그녀의 아름다움과 당돌함에 사로잡혔다. 왕은 자비의 금홀을 그녀를 향해 뻗었다. 그리고 다가와 이야기할 것을 허락했다. 에스더는 담대히 왕좌로 나아가 금홀의 끝을 만졌다. 하나님께서 자기 백성의 기도에 응답하셨다. 왕후 에스더는 삼일 만에 죽음에서 구원을 받았다. 그리고 그 날은 유대 역사에 있어 상서로운 구원의 날이 되었다.

하나님께서는 에스더로 하여금 하만의 계획을 기각하게 하셨을 뿐만 아니라 악함에 대한 대가를 갚도록 하셨다. 하만은 모르드개를 나무로 만든 교수대(gallows tree)[10]에 올려 죽이려고 했다. 그러나 죽음의 나무는 대속의 나무가 되었다. 하만은 모르드개를 위해 준비했지만 하나님은 하만을 위해 준비하셨다는 사실이다. 하만은 모르드개를 대신해 나무로 된 교수대에 올려졌다. 그리고 사형 선고를 받았던 모르드개는

---

10. 히브리 성경에서 말하는 교수대(gallows)란 단어는 '나무'라는 단어이다. 모세 율법에 의하면 나무에 달린 자는 하나님의 저주를 받은 자이다(신명기 21:22−23). 따라서 유대인들에게 하만의 죽음은 하나의 장관으로 여겨졌을 것이다.

왕의 오른 편에 올라 앉게 되었다. 모르드개는 하만을 대신해 메대와 페르시아 왕국을 다스리게 되었다.

에스더는 옥새 반지를 탁자에 내려놓고 완성된 선언문을 왕실 우편부에게 전달했다. 주님께 감사하는 마음으로 작성된 선언문의 복사본은 퍼져 나갔다. 하나님께서 모르드개의 굵은 베 옷을 자주색과 흰색으로 어우러진 왕실 옷으로 바꿔주신 것처럼 하나님께서는 자기 백성의 애도의 모습을 찬양의 모습으로 바꿔주셨다. 하나님은 에스더의 순종을 존중해 자기 백성을 죽음에서 생명으로 구원해 내셨다. 그는 백성의 슬픔을 기쁨으로 바꾸셨다. 그는 백성의 비탄을 축하의 절기로 바꾸셨다(에스더 9:22). 이제 확실한 왕의 옥새가 찍힌 자유의 선언문은 온 세계로 전달되었다. 자기 백성을 구원하신 하나님에 대해 온 나라 사람이 이야기하기 시작했다. 그리고 많은 이방인들이 하나님의 언약 백성에게 접붙임받게 되었다(에스더 8:17).

성경 속 에스더는 구원의 목적을 이루기 위해선 이 세상 왕들의 결정들도 뒤집으시는 하나님의 주권을 강조한다. 땅 전체와 역사의 모든 시대는 하나님 나라에 속한다. 하나님은 단지 이스라엘 민족만의 하나님이 아니시다. 하나님은 모든 나라의 왕이시며 그는 자기 백성을 구원하시려는 영원한 계획을 가지고 계시다. 하나님은 자기 백성이 겪는 모든 위험 속에서 그들을 보호함으로 자신의 사랑을 나타내 보이신다. 구원하겠다는 하나님의 결정을 그 어느 누구도 변경할 수 없다. 하나님의 사랑을 받는 신부는 바로 여러분이다. 여러분을 향한 그의 선한 예정, 곧 굳건한 칙령을 그 누구도 뒤집을 수 없다.

하나님께서는 자기 백성과 그의 나라가 처한 상황을 대체하는 방식으로 자신의 주권을 이 땅에 나타내신다. 주님은 구원의 목적을 이루기 위해 왕비 와스디를 대체 할 왕후 에스더를 페르시아에서 준비하신다. 그는 또한 하만의 자리를 대체 할 모르드개를 페르시아의 고관으로 준비하신다. 그러고는 죽음의 나무에 달릴 모르드개의 목숨을 하만의 목숨으로 대체하신다. 모르드개의 굵은 베 옷을 왕실 옷으로 대체해주시는 일을 통해 하나님께서는 자기 백성의 슬픔을 기쁨으로, 애통을 축하의 절기로 대체시키셨다(에스더 9:22).

바벨론 왕 느부갓네살이 오래 전에 인정한 것과 같이 하나님은 세우고 낮추는 방식으로 세상을 통치하신다. 하나님은 모르드개를 죽음에서 옮겨 위대한 왕 오른편에 앉도록 높이셨다. 그러나 이런 일이 있기 오래 전, 하나님은 요셉을 이집트의 감옥에서 위대한 파라오 오른편에 앉도록 높이셨다. 이와 마찬가지로 하나님은 모세를 죽음에서 옮겨 파라오 궁전에 들어가도록 높이셨다. 그는 또한 죽음의 사자 굴에서 다니엘을 옮겨 바벨론의 왕 오른편에 앉도록 다니엘을 높이셨다. 그리스도인이여! 이 모든 구원은 여러분의 신랑이 가지게 될 숙명을 예시하고 있다. 그리스도는 죽음에서 옮겨져 하늘 보좌 오른편에 앉으셨다!

그러나 성경 에스더에 나타난 여러분 남편에 대한 예고가 오직 왕 오른편에 오른 모르드개의 승천만은 아니다. 나무로 만든 교수대에 오른 하만을 고려한다면 대속 나무에 오른 구원자의 숙명을 예고한다는 사실을 알 수 있다. 하만과 같이 여러분의 원수는 여러분을 죽이기 위해 죽음의 나무를 세웠다. 사탄은 여러분을 위해 나무를 준비했지만 하나님은 여러분을 사랑하는 자를 위해 준비하셨다. 예수님은 여러분이 달릴 죽음의 나무에 달리셨고 저주받으셨다. 그러나 예수님은 기쁨으로 받으시며 십자가의 부끄러움을 개의치 아니하셨다(히브리서 12:2). 이

것을 통해 예수님은 여러분이 영원히 자기 것이 될 것을 아셨기 때문이
다!

놀랍게도 에스더 자신의 이야기도 구원자를 예고한다. 에스더와 같
이 예수님도 자기 백성을 위해 자기 목숨을 거는 모험을 했다. 그녀와
같이 예수님도 백성을 위해 위대한 왕 보좌 앞에서 간청했다. 그녀와
같이 예수님도 셋째 날 죽음의 칙령에서 옮겨졌다. 그리고 마지막으로
에스더와 같이 구원이 이루어진 후에 예수님의 제자들은 굳건한 자유
의 편지를 온 세상에 전했다. 유대인과 이방인 모두가 하나님 가족으로
서 접붙임 될 수 있도록 구원하시는 하나님에 대한 복된 소식을 제자들
은 전했다.[11]

이런 사건들이 예고하는 그리스도의 고난과 영광은 오직 주 예수님
만이 성취하실 수 있다! 그러나 에스더의 이야기는 우리 그리스도인의
이야기이기도 하다. 하늘이나 땅에 있는 그 어느 것도 여러분의 구원을
위한 아버지 하나님의 칙령을 변경할 수 없을 뿐만 아니라 아버지 하나
님이 사랑하는 그의 아들과 여러분의 결혼식 또한 변경할 수 없다! 하
나님께서 애도라는 굵은 베 옷을 여러분에게서 벗기시고 의로움이라는
자기 자신의 왕실 옷을 여러분에게 입히셨다. 그는 여러분의 슬픔을 춤
으로, 여러분의 속박을 구속으로 바꾸셨다. 하나님께서는 새롭게 창조

---

11. 에스더는 그리스도 신부의 모형이기도 하지만 그리스도의 모형이기도 하다. 사실 그리
스도 신부의 숙명은 그리스도의 이미지를 닮는 것이다(로마서 8:29). 이 책의 초점은 그리스
도 신부의 모형으로서 성경 속 여인이지만 그들은 흔히 그리스도의 모형으로도 나타난다. 가
끔 그들은 위대한 신앙 선조의 모형으로 나타나기도 한다. 예를 들어 우리는 룻이 아브라함
의 모형이라고 언급했다. 룻은 하나님 백성의 유업을 받기 위해 자기 민족을 버렸기 때문이
다. 또한 리브가도 아브라함의 모형이다. 그녀가 하나님 약속을 믿고 유업을 얻기 위해 자기
아버지 집을 떠났기 때문만이 아니라 그녀는 서둘러 나그네에게 친절을 베풀었기 때문이다
(창세기 24:18-20; 창세기 18:2-8). 아브라함과 같은 리브가의 행동은 아브라함이 사랑하
는 아들에게 매우 적합한 아내라는 사실을 증명한다.

된 여러분의 아름다움을 영원히 사랑하기에 여러분과 함께하기 위해 죽음에서 영생으로 여러분을 옮기셨다!

에스더의 아름다움은 당대 최고였다. 그 같은 아름다움이 여러분에게 주어졌다. 구원의 날 여러분의 위대한 아름다움에 대한 기대감이 하나님 아들의 마음을 흔들었다. 그리고 에스더의 아름다움이 당시의 문제를 해결했듯이 하늘과 땅의 모든 문제를 예수님께서 해결하도록 여러분의 아름다움이 그의 마음을 움직일 것이다! 에스더는 왕을 위해 자신의 육체적 아름다움을 일 년 동안 가꾸었다. 그러나 주님은 마지막 때를 위해 여러분의 아름다움을 영원이라는 시간 동안 준비해 오고 계셨다. 요한이 계시록에서 예고한 그 날, 곧 성령님의 은혜로 여러분이 꾸며질 그 날, 의로움이라는 그리스도의 왕실 예복으로 빛날 그 날, 기뻐하는 여러분의 왕 앞에서 준비된 신부가 될 그 날을 위해 하나님은 오늘도 여러분을 가꾸고 계신다(요한계시록 21:2)!

왕은 제국 전체를 다스리는 옥새 반지를 에스더에게 주었다. 바로 그 반지가 하나님께서 여러분에게 주신 권위의 모형이다! 가장 위대한 왕이신 하나님께서 여러분의 모든 탄원을 은혜의 보좌로 담대히 가져오길 바라신다. 그곳에서 여러분에게 약속된 아름다움에 사로잡힌 왕은 여러분 마음속에 있는 간청을 허락해 주신다. 매일 여러분은 은혜의 성령님의 도우심으로 새로워지고 있다. 또한 이 땅의 아름다움을 능가하는 하늘의 아름다움으로 꾸며지고 있다. 영원히 사라지지 않을 그 아름다움은 끊임없이 여러분 신랑 되신 하나님의 마음을 사로잡을 것이다!

신부된 도시 **새 예루살렘** | 요한계시록

"또 내가 보매 거룩한 성 새 예루살렘이 하나님께로부터 하늘에서 내려오니 그 준비한 것이 신부가 남편을 위하여 단장한 것 같더라"(요한계시록 21:2).

이 이야기는 여러분의 이야기이다. 하나님이 여러분을 위해 준비한 영원한 곳 곧 주 예수님의 도시이며 매우 특별한 도시에 대한 이야기이다(요한복음 14:2). 세상이 기초가 세워지기도 전에 주님께서는 여러분을 위한 영원한 장소를 자기 마음속에 준비하셨다. 태초가 시작하기 전에 그는 여러분을 위하여 어린 양이 죽임을 당하도록 정하셨다. 여러분을 위한 구원이 하나님의 영원한 계획과 목적이었다. 여러분이 그의 바람이며 보물이고 그의 영원한 기쁨이다! 신랑이 자기 신부로 기뻐하는 것과 같이 하나님의 아들도 당신으로 기뻐하신다(이사야 62:5). 들어보라! 마음으로 들어보라! 그리스도가 여러분으로 인하여 노래하며 기뻐하는 소리가 들리는가(스바냐 3:17)?

들어보라! 일곱 개의 나팔 소리를 들어보라! 마지막 나팔 소리가 세상의 기초를 흔드는 소리를 들어보라! 무시무시한 폭발이 울리 때 옛 여리고처럼 악한 바벨론의 벽이 무너진다! 창녀의 도시에서 탈출해 주님의 구원을 받으라는 하늘의 음성을 들으라(요한계시록 18:4)! 불의 심판에서 구원 받아 유다 왕족의 신부 된 라합과 같이 여러분도 나오라. 고멜과 같이 간음으로 낳은 여러분의 자녀가 이제 거룩해졌다. 주님께서 자기 백성이 아닌 자들을 자기 백성으로 만드셨기 때문이다(요한계시록 18:4). 간음하다 잡힌 여인처럼 예수님은 여러분이 지은 죄로 여러분을 정죄하지 않으셨다. 그와 반대로 여러분이 자유롭게 죄를 더 이상 짓지 않게 하기 위해 그는 권한을 주셨다! 다말과 같이 여러분의 고난은 이제 영원한 영광으로 변화되었다!

심판의 도시였던 옛 바벨론을 내려와 덮는 하늘의 도시를 보아라! 남편을 위해 준비된 신부처럼 내려오는 도시를 보아라! 다윗 자손이 사랑한 신부처럼 여러분도 다양한 보석들로 단장되었다(이사야 61:10). 술람미와 같이 여러분의 아름다움은 당신을 사랑하는 자의 나무 아래에서 회복 되었다. 에스더와 같이 여러분의 아름다움에 사로잡힌 왕을 위해 준비되었다.

하와와 같이 여러분을 위한 동산이 온전해졌다. 여러분은 이제 단순히 살 중에 살, 뼈 중에 뼈가 아니라 새로운 창조물로서 여러분은 이제 그의 보혈을 나눈 자가 되었다! 레아와 같이 버림받은 여러분의 삶은 이제 모두 잊혀졌다. 이제 여러분을 사랑하는 자가 '내 기쁨'이라 부를 것이다(이사야 62:4). 룻과 같이 여러분은 한 때 이방인이었던 내가 은혜를 입을 수 있을지 생각하지만 하나님께서는 그의 백성으로서 영원히 살도록 사랑으로 여러분을 이끄신다. 이제 그는 여러분의 형제이며 구원자 되신다. 여러분은 그의 영원한 날개 아래에서 보호를 받게 되었다! 마리아와 같이 여러분은 모든 사람 중에 가장 복 받은 자가 자신이라는 사실을 알게 되었다. 그가 여러분 마음속에 영원히 거하시기 때문이다!

화려하게 빛나는 여러분의 도시를 보아라! 리브가와 같이 하나님께서는 자기 아들을 위한 언약적 신부로서 여러분을 선택하셨다. 하나님께서 사랑하시는 그리스도의 유업을 나누기 위해 모든 것을 흔쾌히 버리고 온 여러분의 신앙에 대한 보상을 살펴보아라. 라헬과 같이 그 분의 마음을 열정적으로 흔들어 놓은 여러분의 아름다움을 생각해보라. 아름다운 여러분을 신부로 맞기 위해 그는 오랜 세월을 인내하며 기다리고 있다. 십보라와 같이 한 때 피의 신랑이었던 그가 이제 영광스러워졌다. 붉은 왕실 옷을 입고 그는 하나님의 자녀들을 자유롭게 풀어주었을 뿐만 아니라, 영원한 유업을 받도록 그들을 인도했다. 사마리아 여인처럼 여러분의 수치는 여러분의 간증이 되었다. 신랑의 사랑이 사랑받을 만한 매력이 없는 자를 다시 사랑스럽게 만들었기 때문이다. 여러분은 그의 사랑 안에서 쉼을 찾았을 뿐 아니라 그의 생명수로 영원한 만족감을 누릴 것이다!

그리스도인이여! 여러분의 눈은 놀라움으로 가득 차게 될 것이다. 바로 모든 피조물의 주인이신 하나님께서 이 도시를 화려함으로 입히셨다. 그 거리를 걸어보라! 도시 전체를 살펴보라! 망대를 세어보며 도시의 성문의 아름다움을 목격하며, 그리고 그 궁전을 살펴보라(시편 48:12-13)! 영원하며 결코 흔들리지 않는 여러분 도시의 기초를 보라. 얼마나 아름다운가! 여러분의 하나님께서 그 도시 성문 안에 계시니 이 땅에서 가장 기쁜 곳이다(시편 48:1-3)!

　빛과 사랑의 도시가 구원의 새벽으로 맑은 금빛을 뻗는 모습을 보아라! 그리스도인이여 오직 하나님만이 이런 도시를 설계하실 수 있고 세우실 수 있다! 오직 하나님만이 여러분을 위한 이런 아름다움을 계획하시고 행하실 수 있다(히브리서 11:10). 살아계신 하나님의 도시인 위대한 시온 산의 영광을 보라! 무수히 많은 천사들이 강물처럼 빛을 내며 이 도시의 계단을 오르락내리락하는 모습을 보라. 어린 양이 그 도시의 등불이시다. 여기에 온전히 거룩해진 선택받은 모든 자가 천사와 같이 태양보다 화려한 어린 양의 빛을 밝고 맑게 되비치고 있다(히브리서 12:22-23).

　도시의 아름다운 기초를 보라! 거룩한 산 정상으로 향하는 열 두 층으로 이루어진 도시의 거대한 계단을 보라! 도시의 기초는 다양한 색의 보석으로 이루어졌다. 도시는 마치 반짝이는 보석과 다양한 색으로 눈부신 피라미드처럼 높게 서 있다. 아론의 흉패를 통해 예견된 도시가 바로 이 도시이다. 이 도시가 바로 하나님의 거룩한 마음 가까이에 놓인 도시이며 소중한 보석이 바로 하나님의 백성이다. 그리스도인이여 여러분의 유업을 보라. 야곱이 요셉에게 다양한 색의 옷을 입혀 자신의 사랑을 표현했듯이 여러분의 아버지 하나님께서 이 도시에 다양한 색을 주어 입히셨다!

　폭풍에 휩쓸려 그 동안 괴로워한 그리스도인이여 이제 하나님께서 이 도시를 주어 위로하신다! 어린 양의 구원의 빛으로 수정처럼 빛나는 도시이지만 망대는 철석같다! 하나님께서 여러분의 도시를 다이아몬드로 만드셨고 그 기초는 사파이어로, 그리고 흉벽은 루비로 만드셨다(이사야 54:11-12). 파란색의 벽옥, 자주색의 사파이어, 해록색의 옥수, 고귀한 에메랄드, 여러 줄무늬 마노, 붉은 루비, 황색의 감람석, 포도주색의 녹주석, 황금빛의 토파즈, 오팔과 금빛 녹옥수, 짙은 청색과 적황색, 그리고 보라색의 자수정을 보며 감탄해보라. 오직 영광의 주님만이 이 땅에 가장 시커먼 석탄에서 다양한 색을 내는 다이아몬드를, 그리고 검은 먹구름에서 다양한 색의 무지개를 만드실 수 있다. 오직 하나님만이 여러분의 죄로 가득한 어두운 과거에서 바로 이런 다양한 색의 하늘 예루살렘을 만드실 수 있다.

그리스도인이여 눈을 들어 보라! 우리 하나님의 도시를 기쁘게 하는 강줄기를 보라(시편 46:4)! 이 낙원의 강줄기는 진리(Alethia)라 불리지만 망각의 강(Lethe)과 전혀 다르다. 그 강줄기는 망각이 없는 영원한 진리의 생명수이기 때문이다.[12] 이 물을 마시는 자는 누구든지 모든 계절에 열매를 맺게 되며 그들의 잎사귀는 마르지 않는다(시편 1:3). 정의가 물 같이 흐르며 의로움이 영원히 샘솟는 물과 같이 넘치는 이 도시는 위대한 도시이다(아모스 5:24)!

거대한 강물은 넘쳐 열 두 개의 호수와 같이 맑은 폭포로 보석 도시에서 흘러내린다. 도시 정상에는 생명수의 강물이 영광의 성전에서 나뉘어져 쏟아져 흐른다(에스겔 47:2). 그 물은 하나님 보좌 좌우에 심겨진 생명나무에 물을 제공한다(요한계시록 22:2). 그 맑은 물은 거대한 강줄기로 부풀어 올라 위대한 산에서 이 땅 사방으로 흘러내려 모든 민족을 치료한다(요한계시록 22:2). 이 물이 사막을 회복시키며 이 새로운 세상의 동산이 에덴을 풍성하고 푸르게 만든다. 가자(Gaza) 사막을 지난 에티오피아 내시와 같이 한 때 척박했던 옛 가자 사막을 바로 이 강물이 세례의 물과 같이 척박함을 쓸고 지나 생명을 낳는 땅으로 회복시킨다! 사막을 생명으로 가득하게 하며 짜디짠 바닷물을 달콤하게 만

---

12. 그리스 고전은 Lethe를 망각의 강이라 불렸다. 단어의 부정 형태는(a-lethia) 그리스어로 진리이다. 곧 망각하지 않는 것이 영원한 진리라는 의미이다.

드는 생명수는 위대하다! 매우 오래 전 시리아 사람 나아만은 더러운 껍질인 나병을 고칠 수 있는 능력이 다메섹 강물에는 없다며 슬퍼했지만 이제 치료의 강물이 다메섹 물을 깨끗케 했다. 이제 다메섹은 바리새인 사울과 같은 죄인의 눈을 덮은 더러운 껍질을 복음이란 세례로 씻겨낼 수 있는 곳이 되었기 때문이다(사도행전 9:17:18)!

여러분의 신부적 도시인 보석의 산 정상을 바라보라! 열 두 개의 진주 문이 고통이나 아픔에 대한 기억도 없는 이 도시에 들어오는 모든 자를 반길 준비가 되었다. 마치 아름다운 신부 목에 걸쳐진 목걸이처럼 진주 문은 거룩한 시온을 둘러싸고 있다. 그리스도인이여 여러분은 왜 남편인 예수님께서 이 도시의 문을 진주로 꾸미신지 알고 있는가? 창조주께서는 껍질 안으로 들어온 모래알로 고통당하는 작은 조개에게 연민을 가지셨다. 선하신 하나님께서는 진주를 만들어 고통에서 벗어날 수 있도록 하셨다. 만일 하나님께서 바다 깊은 곳에 있는 이런 작은 존재에게 연민을 가지셨다면, 자신의 형상대로 창조된 여러분을 향한 친절하심을 상상할 수 있겠는가? 여러분이 진주로 된 문을 지나 영광스럽게 될 때 여러분의 모든 고난은 잊혀질 것이다! 하나님께서는 여러분의 눈에서 눈물을 닦아주시겠다고 약속하셨다! 그는 사랑으로 가득한 아버지이시다. 그는 우리의 모든 눈물을 병에 담아 자기 가슴 깊숙한 곳에 놓으셨다. 하나씩 하나님께서는 어떻게 여러분의 모든 고난을 설명할 수 없는 영광으로 변화시키실지 보여주실 것이다. 비록 슬픔은 우리에게 있겠지만 그것은 오직 밤 동안뿐이다. 아침이 임할 때 영원한 기쁨이 우리에게 임할 것이다!

하늘 시온산에 오른 모두가 기뻐하는 소리를 들어보라! 옛 시온은 그 척박함으로 슬픔이 가득했지만 새로운 시온은 온 땅에서 모인 수많은 아들딸들의 기뻐하는 소리로 가득하다! 다양한 민족이 함께 예루살렘 동쪽과 서쪽 문을 통해 들어오며 부르는 구원의 시편을 들어보라. 그들이 화려한 문 안으로 모여들며 부르는 찬양의 달콤함을 들어보라. 북쪽 문을 통해 들어오는 니느웨 왕의 행렬을 바라보라. 남쪽 문을 통해 들어오는 시바 왕비의 무리를 바라보라. 서쪽 다시스의 선원들이 감사의 제물을 가져오는 것과 박사들이 동쪽에서 반짝이는 새벽별을 따라 오는 것을 바라보라. 시온을 사모하는 민족이 들어오는 것을 기뻐하며 영광의 문이 올라간다. 수많은 인파가 함께 앉아 목을 축이며 아브라함과 이야기를 나누며 복음 안에서 기뻐하는 모습을 바라보라. 그들 앞에는 어린 양의 혼인 잔치가 펼쳐있다.

민음으로 아브라함 언약에 동참한 수많은 사람들을 세어보라. 바다의 모래알보다, 하늘의 별들보다 많지 않은가? 주 하나님께서 약속하신 대로 모든 민족이 아브라함의 자손을 통해 축복을 받았다. 거룩한 대로를 보라! 수많은 길은 하늘의 도시로 향한다. 가자에서 오는 남쪽 길을 보라. 에티오피아 내시가 함 족속의 아들과 딸들을 이끌고 기쁘게 거룩한 도시로 향하고 있다. 바다가 있는 서쪽을 보라. 욥바와 가이샤라에서 고넬료가 수많은 야벳 족속을 이끌고 영원한 집에 머물기 위해 시온을 향해 오는 모습을 보라. 다메섹 길에서는 바울이 셈 민족과 수많은 자기 혈육 선두에 서있다. 노아의 아들들이 시온에서 태어난 자들을 축복하기 위해 함께 모였다. 소리 높여 찬양하라. 예수님의 거룩한 도시에서 기쁨을 찾은 이집트와 바벨론, 블레셋, 두로와 구스 모두 구원을 받았다(시편 87:1-7). 모든 민족에게 축복을 쏟으시는 성령님의 힘찬 바람 소리를 들으라. 모든 족속이 함께 한 목소리와 한 언어로 하나님께 찬양을 드린다(로마서 14:11)!

도시의 문을 감사하며 들어가라! 기뻐하며 그 도시의 뜰로 들어오라! 가장 높으신 하나님께서 임재하신 바로 이 도시에 우리의 기쁨이 있다. 하늘 높이 세워진 다윗의 망대를 보라. 모든 민족의 방패 상징이 새겨진 영원한 행각을 보라. 솔로몬보다 위대한 지혜를 나타내고 있다. 다양한 색의 문장이 모든 민족의 심판대에 걸려있다. 해 뜨는 곳에서부터 달이 지는 곳까지 세상 전체를 다스리시는 위대한 왕이 그곳에 좌정하신다(시편 72:7-8, 17)!

민음의 아브라함이 의로운 롯과 함께 식사하는 들판을 보라. 자기 목동들의 오랜 다툼을 치유하시는 하나님의 지혜에 경이로워한다(창세기 13:8-9). 모압 여자 룻과 혼인한 보아스와 암몬 여자와 혼인한 솔로몬을 통해 사랑으로 이 두 집안을 화목케 하셨다(마태복음 1:5). 이제 하나님께서 모압과 암몬 족속을 아브라함 언약 나무에 접붙이셨으니 아브라함과 롯 모두 예수님의 왕족 혈통의 조상이 되었다(마태복음 1:7). 이 둘이 주님의 동산 중 가장 즐거운 곳에 평화롭게 살고 있는 모습을 보아라.

하나님께서는 주 그리스도를 통해 세상의 모든 것을 화목케하셨다! 그리스도인이여, 새로운 도시의 영광스런 문을 다시 보라! 여러분 앞에 놓인 위대한 문은 야곱의 열 두 아들들의 이름에 따라 명명되었다. 요셉의 때에 이 도시의 기초가 세워졌기 때문이다. 처음에는 형들이 요셉을 사악하고 교활하게 대했지만 하나님의 선하신 섭리로 마지막에는 요셉이 자신의 모든 형제들을 온전한 용서의 팔로 껴안을 수 있었다(창세기 45:4). 진주로 만들어진 천국 문에 형제들의 이름이 어떻게 새겨졌는지 살펴보라. 오랜 다툼이 치유되었음을 알리듯 열 두 문이 은혜와 영광으로 서로 포옹하고 있다(요한계시록21:12)! 형제 우애가 가득한 바로 이 영원한 도시에는 갈등이 자리잡은 곳이 없다! 도시의 무지갯빛 영광 빛 속에 다양한 색의 오팔 진주가 열 두 문에 입혀있다. 하늘의 아버지가 자기 아들들 모두에게 베푸시는 각양각색의 사랑을 나타내고 있다!

얼마나 경이로운가! 형제가 하나가 되어 동거하니 얼마나 즐거운가(시편 133:1)! 다윗이 우리아와 함께 친교하며 떡을 나누는 모습을 보아라! 다윗과 우리아의 영혼이 연합되었다는 사실이 놀라운가? 이들과 같은 원수 사이도 회복하시는 분이 하나님 아니신가? 다윗에 계획으로 죽자 헷 사람 우리아에게는 자신의 이름을 이을 언약에 속한 형제가 없었다. 그러나 하나님의 선하신 계획으로 우리아의 빛은[13] 이스라엘에서 소멸되지 않았다(신명기 25:5-10). 하나님께서는 자기 백성의 왕인 다윗을 우리아의 역연혼 형제로 사용하여 헷 집안의 아들이 나오도록 하셨다. 전도자 마태는 예수님의 족보 속에 우리아의 이름을 포함했다(마태복음 1:6)! 예수님 안에서 다윗의 집안과 우리아의 집안이 함께 명예를 나누고 있다!

바울과 마가가 함께 떡을 나누고 있는 모습을 보라! 하나님께서는 자기의 위대한 능력으로 그들의 약점을 극복시키셨다. 이 두 명의 신실한 증언을 듣고 하늘 도시에 도착한 수많은 무리를 보라. 그리스도인이여 이 도시가 여러분이 알고 있던 세상의 도시와 얼마나 다른지 생각해 보라! 첫 인간의 도시는 뱀의 자손이 창건했다. 가인은 자기 형제를 혐오했기에 처참하게 죽었다. 그러나 하늘에 세워진 이 도시의 설계자와 건축가는 하나님이시다. 자기 형제를 사랑했기에 자기 피를 흘린 여자의 자손이 창건한 도시가 바로 여러분의 하늘 도시이다!

---

13. 우리아란 이름은 "주님은 나의 빛이시다"라는 의미를 가지고 있다.

바로 이 도시에서 여러분의 치유자이신 위대한 구원의 지혜로 모든 분열과 상처가 회복된다! 자신의 영원한 사랑을 보여주기 위해 자비의 금홀을 내미시는 하나님을 만나는 것이 바로 여러분의 영원한 상급이다. 여러분과 함께 하기 위해 신랑이 달음질 할 때 주님은 기뻐하신다! 그는 태양을 능가하는 화려함으로 하늘 끝에서 다른 끝으로 떠오르며 그의 성막에서 나오신다! 그가 다가올 때 은은히 퍼지는 몰약과 알로에 향기를 만끽하라. 구원받은 자가 한 목소리로 외친다. "주님의 이름으로 오신 이는 복되도다! " 그가 여러분을 못 자국 난 손으로 껴안으실 때 기뻐하라! 그는 자신의 사랑으로 여러분을 영원히 붙드실 준비가 되셨다!

그리스도인이여 그분은 영원히 여러분의 것이다! 죽음이나 생명이나 천사나 권세나 있는 것들이나 있을 것들이나 권력이나 높이나 깊이나 창조된 그 어떤 것도 여러분의 주님이신 그리스도 안에서 나타난 하나님의 사랑을 끊을 수 없다! 그는 여러분을 영원한 사랑으로 사랑하기에 여러분을 떠나거나 버리지 않으신다! 그분은 여러분의 기쁨이며 여러분의 과분한 상급이다! 그는 영원히 여러분의 반려가 될 것이다! 여러분은 그의 오른편에 서서 그의 모든 사랑을 받으며 그로 인해 영원한 즐거움으로 기뻐하게 될 것이다!

"그러므로 너희가 그리스도와 함께 다시 살리심을 받았으면 위의 것을 찾으라 거기는 그리스도께서 하나님 우편에 앉아 계시느니라. 위의 것을 생각하고 땅의 것을 생각하지 말라. 이는 너희가 죽었고 너희 생명이 그리스도와 함께 하나님 안에 감추어졌음이라. 우리 생명이신 그리스도께서 나타나실 그 때에 너희도 그와 함께 영광 중에 나타나리라!"(골로새서 3:1-4).

 막달라 마리아 | 누가복음 8:1-3, 23:50-56;

요한복음 19:39-20:18

"나의 사랑하는 자가 자기 동산으로 내려가 향기로운 꽃밭에 이르러서 동산 가운데서 양떼를 먹이며 백합화를 꺾는구나"(아가 6:2).

마리아의 이야기

성경 속에 나타난 그리스도 신부에 대한 모습 중 가장 훌륭한 모습은 막달라 마리아 이야기 속에서 찾을 수 있다. 그러나 그녀의 이야기는 천재적인 문학적 표현 몇 줄로만 이루어져 있다. 주님을 진심과 열정으로 사랑한 이 여인에 대해 우리는 얼마나 적게 알고 있는가! 그러나 복음주의자들은 그녀를 높이 평가한다. 사실 그녀는 성경에서 가장 존경할만한 여인이란 사실이 분명하다.

우선 마리아에 대해 우리가 알고 있는 사실부터 복습해보자. 누가는 그녀가 '막달라'로 불렸다는 사실을 언급한다. 곧 예수님 시대에 갈릴리 바닷가 마을 중 가장 큰 마을인 막달라에서 그녀가 왔다는 사실을 나타낸다(누가복음 8:2). 또한 그녀와 더불어 헤롯 왕가 청지기의 아내 요안나와 여러 여인들이 자기 비용으로 예수님의 순회 사역을 도왔다는 사실을 누가를 통해 알 수 있다(누가복음 8:3).

하지만 중요한 사실은 자신을 괴롭히던 일곱 악귀로부터 마리아를 예수님께서 구해주셨다는 점이다(누가복음 8:2; 마가복음 16:9). 이로 인해 그녀는 예수님에게 헌신했다. 예수님께서는 악귀에게 당할 수 있는 가장 큰 수모는 일곱 악귀에 씌이는 것이라고 말씀하셨다(누가복음 11:26). 이런 말씀은 마리아가 그 동안 얼마나 비참한 상태에 있었는지를 알려준다. 바로 이런 관점에서 기독교 전승은 막달라 마리아가 창녀였다고 언급한다. 그녀가 매춘이나 그 어떤 특정한 죄를 지었다고 신약 성경은 언급하고 있지 않지만 그와 같은 더럽힘이 있었다는 점을 추정할 수는 있다. 그녀가 빠져있던 비참한 영적 상태를 고려한다면 또한 많은 죄가 사해진 자가 사랑함도 많다는 예수님의 기준을 고려한다면(막달라 마리아보다 예수님을 더욱 사랑한 자는 없다 해도 과언은 아니다) 어느 것도 배제할 수는 없다(누가복음 7:47).

신약 성경은 정확한 때를 언급하고 있지 않지만 예수님께서 마리아를 찾아가 치유해 주셨다는 사실을 알 수 있다. 악귀들은 그녀를 떠났다. 예수님께서 그녀에게 베푸신 용서에 대해 그녀는 감사해 했고 그 마음은 거대한 사랑으로 자라났다. 치유 된 때부터 그녀는 예수님을 따라다니며 그의 설교를 들었고 그의 사역을 신실하게 도왔다.

예측할 수 있듯이 막달라 마리아는 예수님의 십자가 앞과 이후 무덤에도 찾아간 여인이다. 예수님께서 십자가에 달리실 때 그녀는 멀리서 바라보고 있었다(마가복음 15:40). 자신을 사랑해준 예수님이 처참하게 죽임 당하는 모습을 그녀가 목격할 때 그녀의 마음이 어떠했을지 상상해보라. 그 숙명의 날 그녀와 더불어 다른 많은 여인들도 함께 있었다(마가복음 15:40-41). 십자가 처형이 행해지고 있던 그 어둠의 때에 마리아는 마음 아파하는 많은 여인들과 함께 구원자를 위해 울고 있었다. 또한 그녀는 정오에 덮친 어두움과 땅을 흔들어 놓은 섬뜩한 지진을 경험했다.

예수님이 돌아가셨다는 사실을 알리듯 많은 증인들이 그 장소를 떠날 때 그녀가 할 수 있는 일은 속절없이 예수님을 쳐다보는 것 뿐이었다. 주님의 옆구리가 창에 찔려 상처가 나는 모습을 볼 때 그녀의 마음은 찢어졌다. 구원자를 향한 그녀의 신실한 마음은 그녀의 발걸음을 묶어두었다. 아리마대 사람 요셉이 예수님의 몸을 십자가에서 내릴 때까지 그녀는 자리를 지켰다. 마리아는 요셉이 예수님의 몸을 소중히 닦아 세마포로 감싸는 것을 지켜보고 있었다. 요셉이 자기 돌무덤에 예수님을 놓을 때도 그녀는 동행했다(마가복음 15:47). 막달라 마리아는 예수님 장례식의 모든 절차를 무덤 건너편에서 지켜보았다(마태복음 27:61). 그녀는 구원자 몸에 장례 향품을 바르고 싶었지만 거룩한 안식일이 다가왔다. 안식일을 지켜야 했기에 그녀는 무덤을 떠날 수밖에 없었다. 그녀의 마음은 깨지고 슬펐지만 신앙을 지키기 위해 떠날 수밖에 없었다.

셋째 날 매우 이른 아침에 막달라 마리아와 갈릴리의 몇몇 여인들은 무덤으로 향했다. 향품을 예수님 몸에 바르는 것으로 자신들의 마지막 헌신을 표현하기 위해서였다(마가복음 16:1). 무덤이 가까워질 때쯤 여인들은 무덤을 막고 있는 돌문을 누가 옮겨줄지 걱정했다. 그들의 기억으로는 매우 크고 무거운 돌문이었기 때문이다(마가복음 15:46,

16:2).

　그러나 여인들이 무덤에 도착했을 때 돌이 이미 옮겨져 있는 것을 보고 매우 놀랐다. 또한 예수님의 몸을 무덤 안에서 찾지 못하자 그들은 더욱 경악했다. 마리아는 시몬 베드로와 사랑받는 자 요한에게 달려가 이 사실을 알렸다. 예수님의 몸을 누가 가져갔는지 알 수 없었기 때문이다. 베드로와 요한이 무덤에 달려왔을 때 그들이 목격한 것은 마리아의 증언대로 무덤은 열려있었고 예수님의 몸은 무덤 안에 없었다. 그러자 그들은 자신의 집으로 돌아갔다.

　그러나 마리아는 무덤을 떠나지 않았다. 슬픔에 압도되었기 때문이다. 슬픔의 파도가 그녀의 영혼을 덮쳤다. 그녀는 겸손히 허리를 숙여 무덤 속을 자세히 들여다보았지만 그 때 그녀가 목격하게 될 것을 전혀 예상하지 못했다.

　눈물을 흘리며 그녀는 예수님이 누워 있어야 할 평판한 돌을 보았다. 그리고 그 위에 앉은 두 천사를 목격했다. 하나는 머리맡에 있었고 다른 하나는 발치에 앉아있었다. 천사들은 슬퍼하는 그녀를 의아하게 바라보며 이렇게 물었다. "여자여 어찌하여 우느냐?"(요한복음 20:13). 마리아는 누군가가 주님을 옮겨 어디에 두었는지 알지 못해 울고 있다고 설명했다.

　아직도 웅크린 자세로 그녀가 뒤돌아보자 어느 한 남자가 서 있었다. "여자여 어찌하여 울며 누구를 찾느냐?"라고 그가 묻자 마리아는 그가 정원사인줄 알고 혹시 당신이 옮겼냐고 되물었다. 그러나 그 때 마리아는 그 분의 목소리를 들었다. 그녀는 그 분이 예수님이라는 사실을 알아차렸다! 자신의 구원자를 보고 기뻐하자 슬픔은 속히 사라졌다. 그러나 아직은 그녀가 안을 수 없었다. 예수님이 하나님 아버지께로 올라가지 않으셨기 때문이다(요한복음 20:17). 마리아는 신부 공동체의 일부로 영원히 그 분과 함께하기 위해 하늘에서 내려 올 때 예수님을 안게 될 것이다(요한계시록 21:2). 바로 그 날에 마리아와 더불어 구원 받은 자 모두가 그 분과 함께 하나님께서 친히 눈물을 닦아 주시는 곳, 죽음도 없는 새로운 동산에 있게 될 것이다(요한계시록 21:4).

막달라 마리아의 모습

막달라 마리아의 이야기는 그리스도의 신부인 우리를 위한 구원에 의한 역전의 모습을 매우 잘 보여주는 이야기이다. 그녀의 이야기는 하나님을 사랑하는 자들을 위해 하나님께서 준비하신 것이 무엇인지 상상할 것을 가르친다. 이야기는 우리로 하여금 보지 못한 것을 꿈꾸게 한다. 우선 새로운 하와로서 막달라 마리아의 모습을 살펴보자.

새로운 하와로서 막달라 마리아

새로운 하와로서 마리아를 이해하기 위해선 우선 요한복음이 예수님을 새로운 아담으로 어떻게 설명하고 있는지 살펴봐야 한다. 네 번째 복음서는 창세기의 전체적인 창조 사건을 다시 이야기하는 것으로 시작한다. "태초에"(요한복음 1:1)라는 표현으로 요한은 첫 창조를 암시하면서 새로운 창조의 시작을 알린다. 첫 창조를 가능하게 한 말씀이 육신이 되는 것으로 새로운 창조는 시작된다. 범죄하기 전의 아담과 같이 새로운 아담은 죄가 없고 완벽하다. 첫째 아담처럼 둘째 아담도 아버지가 하나님이시다.

그러나 하나님의 말씀이 진정한 인간이 되었을 때에 첫째 아담이

독처하는 것이 좋지 못한 것처럼 둘째 아담도 마찬가지였다. 예수님은 하나님의 완벽한 아들이시지만 성육신하시자 신부가 필요했다. 바로 이런 이유에서 세례 요한은 자신을 '신랑 친구'라고 불렀다(요한복음 3:28-29). 따라서 요한복음은 예수님을 신부를 필요로 하는 새로운 아담으로 나타내고 있다면 하늘의 왕자이시며 하나님의 외아들이신 분을 위해 준비된 신부를 지칭하는 복음서 속 인물은 누구인지 묻게 된다. 예수님의 화려함이 아담을 뛰어 넘는 것과 같이 하와의 순결함과 온전함을 뛰어넘는 인물을 복음서 속에서 찾게 된다.

요한은 예수님의 구원 역사의 절정인 십자가 사건을 의도적으로 두 동산 가운데에 놓았다. 처음은 겟세마네 동산이며(요한복음 18:1) 마지막은 무덤이 있는 동산이다(요한복음 19:41). 요한은 우리가 에덴동산을 떠올릴 것을 요구하고 있다. 두 나무가 에덴동산 가운데에 서 있었다. 선악을 알게 하는 나무와 생명나무가 있었다(창세기 2:9). 예수님의 십자가 나무가 두 동산 가운데 있다. 따라서 에덴동산에 '가운데'란 표현을 요한은 문학적으로 성취하였다(요한복음 19:18; 요한계시록 2:7 비교). 십자가에서 예수님은 벌거벗겨진 채 수치 속에서 못 박히셨으며(요한복음 19:23) 가시 면류관을 쓰셨다(요한복음 19:2). 모두 아담이 받은 심판을 상징한다. 따라서 두 동산 가운데 놓인 나무는 첫째 아담이 지은 죄의 대가를 새로운 아담이 대신 받은 장소가 된다. 십자가에서 예수님은 우리를 대신해 죄가 되셨다. 그러나 예수님을 위한 십자가 곧 악을 알게 하는 나무는 그의 부활로 자기 백성을 위한 생명나무로 변화되었다(창세기 2:9). 이제 구원 받은 자 모두는 자유롭게 그의 나무에서 구원 열매를 취해 먹을 수 있다.

예수님께서 땅에 누워계신 후 그는 아담과 같이 땅이란 자궁에서 나오게 되셨다(창세기 2:7). 무덤 동산에서 막달라 마리아는 예수님을 '동산지기'로 착각했다(요한복음 20:15). 사실, 그녀가 예수님을 동산지기로 본 행동은 오해가 아닐 수 있다. 새로운 아담이신 예수님의 부활은 하나님의 동산을 생명수와 생명나무로 회복시켰기 때문이다(요한계시록 22:1-2). 죽음을 이기신 예수님은 그녀가 울며 슬퍼할 그 모든 이유를 제거하셨다(요한복음 20:15; 요한계시록 21:4). 비록 첫째 아담이 이 세상에 죄의 저주와 죽음을 가져왔지만 새로운 아담은 세상을 구원하고 죄와 슬픔과 죽음, 곧 모든 저주를 끝내버리셨다(요한계시록 21:4, 22:3).

새로운 아담은 그의 아버지를 떠나셨으며 또한 사랑하는 제자에게 맡기고 어머니도 그는 떠나셨다(창세기 2:24 비교). 잠이란 죽음을 통해 자신을 사랑하는 아버지께서 준비한 아름다운 신부를 꿈꾸기 위해서였다. 하와 같은 신부가 그녀를 위해 자신이 얻은 상처를 보고 비교될 수 없는 그녀를 향한 자신의 사랑을 알 수 있도록 하기 위해서였다(요한복음 20:24-28 비교).

첫째 아담과 같이 어떻게 예수님께서 자기 옆구리에 상처를 입으셨는지 우리는 이미 살펴보았다. 자신이 사랑하는 우리를 살리기 위해 자신이 고난 받으셨다(요한복음 20:27). 아직 죄를 짓지 않은 아담이었지만 하나님께서는 그를 깊은 잠에 빠지게 하셨다. 그리고 옆구리를 찌르시고 그곳에서 나온 물질을 가지고 신부를 창조하셨다. 하나님은 아담의 상처를 치료하셨다. 그리고 순결하고 아름다운 아담의 배필을 보여주시기 위해 동산에서 아담을 깨우셨다. 아담은 '여자'라는 고귀한 이름으로 그녀를 불렀다. 이와 같이 아담처럼 예수님도 죄가 없으신 분이지만 십자가에서 죽음이란 잠으로 고난 받으셨다. 그도 옆구리에 찔림을 당하시고 그곳에서 나오는 물과 피로 자기 신부에게 생명을 주셨다. 하나님께서 예수님의 상처를 치료하시고 그를 동산에서 깨우셨다. 마지막 때에 아버지께서 주시기로 약속한 신부를 대표하는 여인을 맞이할 수 있도록. 새로운 아담이 죽음이란 잠에서 깨어나자 그는 아침에 동산을 찾아온 막달라 마리아를 보게 된다. 아담처럼 예수님도 그녀를 '여자'라는 고귀한 이름으로 부른다(요한복음 20:15). 그는 애정 어린 마음으로 바라보며 위로의 말을 건넨다.

"여자여, 어찌하여 우느냐?"

사도요한은 자신의 복음서 끝에서 즐거운 동산에 있는 이 새로운 남녀를 우리에게 소개한다. 첫째 아담은 자신의 동산을 무덤으로 만들었지만 마지막 아담은 자신의 무덤을 동산으로 만들었다. 또한 그는 한때 잊혀진 갈릴리 여인에 불과한 막달라 마리아를 자기의 새로운 하와로 소개한다. 아버지이신 하나님은 왕 중의 왕이신 예수님을 위한 여왕으로 눈물 많은 막달라 마리아를 선택하셨다. 그녀는 일곱 악귀로 인한 고통이 주는 절망감과 모욕감을 알고 있을 뿐만 아니라 놀라운 용서가 주는 형언할 수 없는 사랑도 알고 있다. 예수님이 돌아가신 후 그녀는 상실감과 절망감으로 눈물을 흘리며 자기가 드릴 수 있는 모든 것인 향품을 가지고 무덤으로 향했다. 그러나 새로운 아담은 향품이 필요 없었으며 그녀 또한 예수님을 알아본 후에는 더 이상 눈물을 흘릴 필요가 없었다!

새로운 대제사장으로서 막달라 마리아

새로운 하와로서 마리아가 나타날 뿐만 아니라 요한복음은 막달라 마리아에게 이스라엘의 모든 대제사장을 완성하는 높은 지위를 부여한다. 수 백 년 동안 아론을 잇는 모든 제사장들은 마리아가 그날 아침에 본 부활을 목격하길 소망했다. 이스라엘 백성 중 가장 거룩한 자만이 비유적 그림자와 모형으로만 볼 수 있던 현실을 하나님께서는 여자에게 보여주셨을 뿐만 아니라 일곱 악귀로 더럽혀지고 고통 받았던 여자에게 보여 주셨다. 이런 구원은 하나님 외에 그 어떤 사람도 상상할 수 없었을 것이다! 요한이 이런 사실을 자신의 복음서에서 어떻게 그려내고 있는지 살펴보도록 하자.

이스라엘의 대제사장에게는 매년 성막 지성소에 들어갈 수 있는 특권이 있다. 의식은 매우 정교하다. 매년 속죄일에 이스라엘에서 가장 거룩한 한 명만 지성소에 들어가는 것이 허용된다. 휘장 뒤에 놓인 언약궤가 있는 거룩한 곳이다. 언약궤는 하나님의 보좌를 나타낸다. 크기는 두 규빗 반으로 금으로 이루어진 상자이다. 금으로 만들어진 두 그룹 천사 모습이 서로 마주보며 언약궤 머리와 발부분에 앉아 있다. 그룹 천사들의 날개는 서로를 향해 쭉 뻗어 있지만 그들의 머리는 마치 자비의 자리를 경이로움으로 바라보듯이 숙이고 있다. 이스라엘 백성은 하나님께서 두 그룹 천사 사이에 계신다고 고백했다(시편 80:1). 이 곳이 바로 하나님께서 자기 백성과 만나시겠다고 약속하신 곳이다(출애굽기 25:17-22). 또한 이곳은 매년 대제사장이 백성들의 죄를 덮는 속죄 피를 뿌리는 곳이기도 하다.

사도 요한이 부활 아침의 무덤 장면을 설명할 때 베드로와 자신이 무덤에 찾아 왔지만 비어있는 것을 보고 집으로 돌아갔다고 전했다. 그러나 마리아는 예수님을 떠나보낼 수 없었다. 그녀는 홀로 남겨져 울고 있었다. 사람들이 자기 주님을 데려갔기 때문이다. 마리아는 울며 소중한 예수님께서 마지막으로 누워 계셨던 무덤 안을 살펴보았다. 안에서 그녀는 "흰 옷 입은 두 천사가 예수의 시체 뉘었던 곳에 하나는 머리 편에, 하나는 발 편에"(요한복음 20:12) 앉은 모습을 보게 된다. 천사는 그녀에게 물었다.

> "여자여 왜 울고 있는가?
> 예수님을 찾고 있는가?
> 그는 여기에 계시지 않고 부활하셨다!"

그들은 예수님의 피가 뿌려진 세마포를 향해 팔를 뻗어 경이로움에 가득 차 말했다. "그가 누우셨던 곳을 보라!"(마태복음 28:6).

그곳이 바로 지성소이다! 예수님께서 누워계셨던 무덤이 언약궤가 되었다! 자비의 자리를 중심으로 두 천사가 머리와 발 부분에 앉아 있는 것을 보라. 가운데에는 예수님의 속죄 피가 뿌려진 세마포가 놓여있다. 그리스도인이여, 하나님께서 인간의 죄를 영원히 제거하시는 곳, 바로 이 곳이 하늘과 땅을 포함해 가장 경이로운 장소이다! 타락과 더러움, 그리고 죄와 죽음의 장소를 예수님께서는 영광의 보좌로 만드셨다! 그가 죄와 죽음을 이기셨다!

예수님께서 부활하신 날 아침에 막달라 마리아는 아론과 이스라엘의 대제사장들이 그림자와 모형으로만 보았던 현실을 목격했다. 그녀는 진정한 지성소를 들여다보았다. 그녀는 눈물이란 베일을 쓴 채 하나님의 보좌 앞에 섰다. 무덤을 들여다보는 마리아를 설명할 때 요한은 마리아가 누린 특혜를 이스라엘의 대제사장들의 특혜와 비교한다. 하나님께서는 대제사장들과 같이 그녀에게도 언약궤를 볼 수 있도록 허락하셨다. 또한 하나님께서는 마리아에게 하늘 보좌 주위에 앉은 이십 사장로들과 같은 위엄을 부여하신다(요한계시록 4:4). 막달라 마리아는 만인 제사장의 모습을 나타내 보여준다. 비록 그녀는 여자이면서 한 때 일곱 악귀에 씌인 사람이지만 그녀는 구원하시는 하나님의 화려함을 베일 없이 목격했다! 마리아는 품으시는 예수님의 따뜻한 마음의 크기를 우리에게 알려준다. 예수님께서는 자신의 의로움을 나누기 위해 우리 중 가장 더러운 자까지도 초대하신다. 예수님은 자신의 은혜로 악귀들에 씌었던 자들도 하나님의 얼굴을 볼 수 있도록 순결하게 만드신다! 믿기 힘든 구원임이 분명하다! 막달라 마리아가 그 날 아침에 무덤을 드려다 본 것 같이 구원 받은 모든 하늘의 사람은 경이로움으로 함께 찬양할 것이다. "당신이 우리를 왕 같은 제사장으로 만드셨도다. 그에게 영광과 능력이 세세토록 있기를 원하노라. 아멘"(요한계시록 1:6, 5:10; 베드로전서 2:9)!

새로운 나사렛 마리아로서 막달라 마리아

새로운 아담이신 예수님의 신부로 선택 된 새로운 하와로서 막달라 마리아의 모습을 살펴보았다. 또한 사도 요한이 어떻게 막달라 마리아를 이스라엘의 가장 거룩한 제사장의 성취로 나타냈는지 살펴보았다. 하지만 누가는 막달라 마리아의 이야기를 또 다른 놀라운 구원의 관점에서 들려준다. 이제 누가가 그려낸 새로운 나사렛 마리아로서 막달아 마리아의 모습을 살펴보자.

누가가 들려주는 성탄 이야기는 마가의 설명보다 더욱 정교하다. 특별히 누가는 예수님의 동정녀 어머니인 나사렛 마리아의 관점을 강조한다. 또한 누가는 성탄 이야기를 예수님의 부활 이야기와 상응할 수 있도록 배치했다. 두 이야기를 함께 고려한다면 놀랍게도 대칭적이다. 누가는 예수님의 성탄 이야기가 그의 부활 이야기를 예언하도록 의도했다는 사실이 명확하다.

누가는 예수님의 탄생 이야기를 베들레헴 요셉과 갈릴리 나사렛 마리아의 시각을 통해 전달한다. 예수님께서는 "남자를 알지 못한"(누가복음 1:34) 동정녀 마리아에게서 태어나셨다. 임신은 초자연적이지만 예수님의 탄생은 온전히 자연스러운 사건으로 볼 수 있다. 마리아는 출산의 고통을 겪었지만 아들이 태어나자 그녀는 곧 고통을 잊고 기뻐했다(요한복음 16:21).

예수님이 태어난 후 마리아와 요셉은 피 묻은 그의 몸을 닦았다. 그들은 배내옷을 가지고 예수님을 미라 모양으로 둘렀다. 그리고 그를 구유에 눕혔다(누가복음 2:7). 시리아-팔레스타인 구유는 가운데를 비운 사각형 석회석 덩어리였다. 아기가 구유에 들어가자 그 모습은 마치 석관을 닮았을 것이다. 이 때 누가는 천사가 하늘에서 나타나 복음과 평화를 선포했다고 전한다. 천사들은 석관과 같은 구유에 눕힌 미라 모양의 아이를 와서 보라고 목자들을 부른다. 그 모습은 죽은 것 같지만 살아있는 모습이다(누가복음 2:13-14).

예수님의 부활 사건에 있어서 막달라 마리아의 역할을 이해하기 위해 우리는 먼저 마지막 만찬 때 예수님께서 제자들에게 하신 말씀을 기억해야 한다. 예수님께서는 자신의 죽음을 제자들이 슬퍼할 것을 아시고 그들이 겪게 될 고통을 해산하는 고통과 비교하여 말씀하신다.

"여자가 해산하게 되면 그 때가 이르렀으므로 근심하나 아이를 낳으면 세상에 사람 난 기쁨으로 말미암아 그 고통을 다시 기억하지 아니하느니라. 지금은 너희가 근심하나 내가 다시 너희를 보리니 너희 마음이 기쁠 것이요 너희 기쁨을 빼앗을 자가 없으리라"(요한복음 16:21-22).

이 점을 기억하며 누가복음이 전하는 부활을 살펴보자. 특히 곧 기쁨으로 변하는 막달라 마리아의 슬픔을 주목해 보자.

누가는 부활 사건을 새로운 마리아와 새로운 요셉의(아리마대 요셉과 갈릴리에 막달라 마리아) 눈을 통해 전한다. 성경에 의하면 예수님께서는 "유대인의 장례 법"대로 묻히셨다(요한복음 19:40). 따라서 요셉은 십자가로 피 묻은 예수님의 몸을 닦고 난 후에 그를 세마포를 미라 모양의 모습으로 둘렀다(누가복음 23:53). 요셉이 미라 모양의 예수님 몸을 바위를 잘라 만든 무덤에 놓는 장면을 조금 떨어진 곳에서 마리아는 목격했다. 바위를 잘라 만든 석관은 어느 누구도 눕지 않은 곳이었다(누가복음 23:53).

셋째 날 아침에 예수님께서는 어느 누구도 눕지 않은 무덤 곧 처녀와 같은 무덤에서 기적적으로 나오신다. 하지만 같은 날 아침에 마리아의 슬픔은 마치 해산하는 여인의 고통처럼 깊고 간절했다. 사도요한의 증언처럼 마리아는 예수님을 다시 보지 못한다는 두려움으로 울고 있었다. 그러나 그녀의 슬픔은 갑자기 설명할 수 없는 기쁨으로 변화되었다. 그녀가 소중한 주님을 목격했기 때문이다(요한복음 20:18).[14] 한때 더럽혀졌던 막달라 마리아를 선택해 예수님의 동정녀 어머니를 나

---

14. 마태와 누가가 전하는 예수님의 탄생 사건과 요한이 전하는 예수님의 부활 사건의 유사성은 주님이 알파와 오메가, 시작과 끝, 처음과 마지막 곧 온 역사를 다스리신다는 사실을 보여준다.

타내신 하나님의 구원의 사랑이 얼마나 놀라운가! 하늘의 천사는 하나님과 인간 사이에 평화를 가져다 줄 복음을 마리아에게 전한다. 그 동안 이스라엘의 목자로 선택 된 베드로와 요한은 무덤에 찾아 왔을 때 구원과 회복을 목격했다.

복음서는 한 때 악귀와 죄로 더럽혀진 막달라 마리아를 화와가 아담에게 적합했던 것처럼 그리스도에게 적합한 새로운 하와의 모습으로 묘사한다. 또한 그녀는 거룩한 언약궤를 들어 올린 이스라엘의 대제사장이 가졌던 거룩함과 같은 거룩함을 가진 여인으로 묘사한다. 그리고 예수님의 동정녀 마리아가 가진 순결함과 같은 순결함을 그녀에게 부여한다! 하나님 외에 어느 누가 이런 반전을 상상할 수 있겠는가! 막달라 마리아에게 기적적으로 쏟아진 구원은 예수님의 신부인 여러분에게 주어질 다양한 구원을 예고한다! 하늘의 신랑으로 예수님을 사랑하는 모든 자에게 주어질 위대한 위엄이 마리아에게 주어졌다. 어린 양의 혼인잔치는 마리아와 같이 소중한 주님을 보기를 갈망하는 모든 자에게 열려있다. 신랑을 보라! 한 때 가시 면류관을 쓰셨지만 이제 왕관을 쓰셨다. 한 때 조롱하는 자의 침에 덮였지만 이제 기쁨의 기름을 바르셨다. 한 때 주홍색이 물든 옷을 걸치셨지만 이제 완벽한 의로움의 빛으로 옷 입으셨다. 여러분의 영광스러운 신랑이시다! 그는 인내하며 기다리신다.

여러분이 자신에게 영원히 주어질 그 날을
간절히 기다리신다!